08課綱、全民英檢中級／中高級適用

英語 Make Me High 系列

理解英語詞彙結構的
最佳入門！

字首字尾解碼 三版

Complete Book of Prefixes & Suffixes

李文玲

學歷
國立高雄師範大學英語學系

經歷
臺北市立中山女子高級中學英語教師
臺北市立第一女子高級中學英語教師

三民書局

序

英語 Make Me High 系列的理想在於超越，在於創新。
這是時代的精神，也是我們出版的動力；
這是教育的目的，也是我們進步的執著。

針對英語的全球化與未來的升學趨勢，
我們設計了一系列適合普高、技高學生的英語學習叢書。

面對英語，不會徬徨不再迷惘，學習的心徹底沸騰，
心情好 High！
實戰模擬，掌握先機知己知彼，百戰不殆決勝未來，
分數更 High！

選擇優質的英語學習書籍，才能激發學習的強烈動機；
興趣盎然便不會畏懼艱難，自信心要自己大聲說出來。
本書如良師指引循循善誘，如益友相互鼓勵攜手成長。
展書輕閱，你將發現……
學習英語原來也可以這麼 High！

給讀者的話

　　你是否覺得英文單字很難背，卻又找不出規則來記憶單字呢？

　　一般公認最有效英文單字的記憶法就是認識組成英文單字的字根 (root)、字首 (prefix) 及字尾 (suffix)。

　　「字根」是字的核心，就是字義的來源。如：viv (存活)、audio (聽)。如果你瞭解字根 "port" 有「搬運」的含意時，就能幫助你很快記住以下這些字：transport (輸送)、import (進口)、export (出口)、portable (可攜帶的)。

　　「字首」是放於字根或者一個字之前來組成新字。如：auto + graph、trans + form。如果知道字首 "de-" 有「下，向下」的含意，你就可以很快地理解以下這些字：descend (下降)、depress (壓下)、decline (傾斜)。

　　「字尾」是放在字根之後來組成新字。如：audi + ence、modern + ize。若瞭解到字尾 "-ify" 和 "-fy" 有「使，成為」的含意和構成動詞的功能，就可以幫助你牢記以下動詞：glorify (美化)、classify (將⋯分類)。

關於《字首字尾解碼》

　　本書主要是希望幫助欲參加學科能力測驗的讀者，能藉由本書學習增進記憶單字的技巧，進而迅速擴充所需字彙。

　　有別於其他字根字首字尾相關書籍著重於留學考試專用的艱澀字彙，本書是以高中程度必備的英文字彙學習來設計。書中列舉了最常見的 50 個字首與 50 個字尾，共 100 個單元，並另列有 50 個常用字根。每個單元分別說明各個字首和字尾的意義及功用，且列舉相對應的常用單字。所有舉例的單字絕大多數都在大考中心公布的高中英文參考詞彙表 (111 學年度起適用) 範圍中，以期讓讀者加深對單字構成的印象，幫助記憶關鍵單字。

　　另外，本書每 5 個單元特別設計 1 回相關字彙練習，共計 20 回，在讀完之後能有立即實際練習的機會，相信能幫助讀者有效地增進英文字彙。

Contents

Prefixes

Suffixes

圖片來源：Shutterstock

字首
Prefixes

字首是加在字或字根 (即字的基底結構) 開頭的一組字母，用來組成一個新的單字。例如：**re** + vive = revive 「復甦 ；恢復精力」。

(1) PREFIX

anti-

▶ opposite, against

字首 "anti-" 表示「與…相反」或「反對」。用來加在名詞或形容詞前，且常使用連字號 (-)，特別是當 "anti-" 被加在以字母 i 或大寫字母 A 開頭的字前時。

antiabortion	**anti-American**
形 反墮胎的	形 反美 (國) 的
antiaging	**anti-government**
形 抗老化的	形 反政府的
antibody	**anti-inflation**
名 抗體	形 抑制通貨膨脹的
antipollution	**anti-intellectual**
形 反汙染的	形 反知識 (分子) 的
antisocial	**anti-nuclear**
形 反社會的；不擅交際的	形 反核的
antisubmarine	**anti-piracy**
形 反潛艇的	形 反盜版的

anti-racism

形　反種族主義的

anti-war

形　反戰的

anti-smoking

形　反菸的

PREFIX **auto-** ▶ self, of oneself, by oneself

字首 "auto-" 表示「自己」、「自動地」或「親自地」。用來形成動詞、名詞或形容詞。

autobiography

名 自傳

autograph

名 親筆手稿；親筆簽名

＊ auto + graph (寫) = **autograph**

autoimmune

形 自體免疫的

＊ auto + immune (免疫的) = **autoimmune**

例 About 40% of the members suffer from **autoimmune** diseases.
大約 40% 的成員患有自體免疫的疾病。

automate

動 使自動化

automatic

形 自動的

＊ ATM （自動櫃員機） 為 **automated/automatic** teller machine 的縮寫。

automobile

名 汽車

automotive

形 有關汽車的

autonomy

名 自治

autonym

名 本名

＊ auto + (o)nym (名字) = **autonym**

3
PREFIX

be-

▶ completely, intensely
▶ make, treat as
▶ cover with

1. 字首 "be-" 表示「徹底地」或「強烈地」。用來加在動詞前以形成另一個動詞。

bemoan

動　為⋯悲嘆

＊　be + moan (哀嘆) = **bemoan**

besprinkle

動　灑 (粉末、液體) 於⋯之上

＊　be + sprinkle (灑落) = **besprinkle**

2. 字首 "be-" 表示「使」或「以⋯(方式) 對待」。用來加在名詞或形容詞前以形成動詞。

becalm

動　使平靜

befriend

動　以朋友相待

befool

動　愚弄

belittle

動　輕視

3. 字首 "be-" 表示「用⋯遮蓋」。用來加在名詞前以形成動詞。

becloud

動　遮蔽

befog

動　置於霧中；使困惑

bi-

▶ two, twice

PREFIX 4

字首 "bi-" 表示「兩個」或「兩次」。用來形成名詞或形容詞。

---

biannual

形 一年兩度的

---

bicentennial

形 每兩百年一次的

---

bicolor(ed)

形 雙色的

例 These creamy and pink **bicolor** roses are beautiful.
這些奶油色中帶粉紅的雙色玫瑰很漂亮。

---

bicultural

形 兩種文化 (組成) 的

例 The **bicultural** marriage is increasing.
跨越兩種不同文化的婚姻正在增加當中。

---

bicycle

名 腳踏車

---

bifocal

形 雙焦距的

＊ 單字 "focal" 代表「焦點的；在焦點上的」。

例 With my **bifocal** reading glasses, I have nothing to worry about.
有了我的雙焦閱讀眼鏡，我什麼都不需要擔心。

---

bifunctional

形 雙功能的

---

bilingual

形 (使用) 雙語的
名 使用雙語的人

---

binoculars

名 雙筒望遠鏡

biracial

形　兩種種族 (組成) 的

bisexual

形　雙性 (戀) 的
名　雙性戀的人

biweekly

形　雙週的
名　雙週刊

biyearly

形　兩年一次的

5 PREFIX

bio-

▶ life, biology

字首 "**bio-**" 表示「生命」或「生物學」。

biochemistry

名 生化學

biochip

名 生物晶片

biodegradable

形 生物可分解的

biodiversity

名 生物多樣性

bioengineering

名 生物工程學

biofeedback

名 生物回饋

biogenetics

名 生物基因/遺傳學

biography

名 傳記

＊ bio + graphy (寫) = **biography**

biology

名 生物學

＊ bio + logy (…學；…論) = **biology**

biomedical

形 生物醫學的

biosphere

名 (地球上生物的) 生存範圍；生物圈

biostatistics

名 生物統計學

biotechnology

名 生物科技

Exercise 1 (Unit 1–5)

I. 請將左欄的字首與右欄的字義做配對。

_____ 1. be- (bemoan)

_____ 2. anti- (antisocial)

_____ 3. bi- (bicycle)

_____ 4. auto- (automatic)

_____ 5. bio- (biology)

(A) two or twice

(B) of self or by oneself

(C) completely; intensely

(D) life

(E) opposite to or against

II. 請選出下列單字的正確釋義。

_____ 1. biweekly

(A) a publication appearing once every three weeks

(B) a publication appearing once a week

(C) a publication appearing once every two weeks

(D) a publication appearing twice a week

_____ 2. autonomy

(A) self-respect or self-esteem

(B) self-government or independence

(C) condition of believing an untruth

(D) refusal to admit the truth of a statement

_____ 3. anti-nuclear

(A) the production of nuclear energy

(B) the spread of nuclear weapons and technology

(C) in favor of nuclear energy

(D) opposing the use or production of nuclear power plants

_____ 4. autograph

(A) a picture that is made by using a camera

(B) a person's signature written by hand

(C) a message sent over the Internet

(D) a self-healing system

_____ 5. belittle

     (A) to make a person or an action seem unimportant

     (B) to think highly of a person

     (C) to make a person look indifferent

     (D) to become important little by little

_____ 6. befriend

     (A) to act as a friend

     (B) to make friends

     (C) to cover up anything for a friend

     (D) to betray a friend

_____ 7. biodiversity

     (A) science that deals with living organisms

     (B) the variety of organisms found within a region

     (C) characteristics of living things

     (D) basic needs of living things

6 PREFIX

by-

▶ near, secondary, past

字首 **"by-"** 表示「接近的」、「次要的」或「過去的」。通常用於名詞前。

by-election

名 補選

↔ **general election**
名 (全國性的) 普選，大選

bygone

形 過去的
名 過去的事

bylaw

名 (法規的) 細則

byname

名 綽號

bypass

名 外環道路

bypath

名 小路

by-product

名 副產品

例 Does this process produce any harmful chemical **by-products**?
這個製程會產生任何有害的化學副產品嗎？

bystander

名 旁觀者

例 There were many **bystanders** at the scene of the accident.
事故現場有許多旁觀者。

byway

名 旁道

↔ **highway** 名 公路

7 PREFIX

cent- ▶ hundred, hundredth

centi-

字首 "cent-" 和 "centi-" 表示「一百」或「百分之一」。用來形成名詞。

---

centigrade

名 百分度；攝氏溫度

centigram

名 公毫【一公克的百分之一】
＊ **gram** 名 公克

centiliter

名 公勺【一公升的百分之一】
＊ **liter** 名 公升

centimeter

名 公分
＊ **meter** 名 公尺

century

名 世紀【一百年】

EXTRA 補充

字首 "kilo-" 表示「一千」。用來形成名詞。

① kilocalorie 名 千卡【熱量單位】
② kilogram 名 公斤
③ kiloliter 名 公秉【一千公升】
④ kilometer 名 公里

8
PREFIX

co-

▶ **with, together**

字首 "co-" 表示「和⋯一起」或「共同」。通常用來加在動詞、名詞或形容詞前。

★參考 p. 87 sym-/syn-

---

coactor

名 共同演出者

coauthor

名 合著者

cocomposer

名 共同作曲者

coeducation

名 男女同校

coexist

動 共存

coherent

形 黏著的;連貫的
＊ co + here (黏住) + (e)nt (形容詞字尾) = **coherent**

---

coincide

動 同時發生;巧合
＊ co + incide (發生) = **coincide**

co-official

形 同是官方的

cooperate

動 合作
＊ co + operate (運作) = **cooperate**

co-produced

形 共同製作的

costar

名 共同主演者

coworker

名 工作伙伴

13

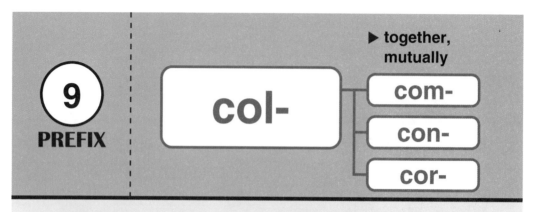

(1) 字首 "col-"、"com-"、"con-" 和 "cor-" 表示「一起」或「互相」的意思。
(2) 字首 "col-" 被用在 [l] 音之前。
(3) 字首 "com-" 被用在 [b]、[m] 或 [p] 音之前。
(4) 字首 "cor-" 則是被用在 [r] 音之前。
(5) 字首 "con-" 被用在除了前述音和母音之外的其他音之前。

collapse 動 倒塌 名 倒塌	**company** 名 一群人；陪伴；公司
collide 動 互撞	**compassion** 名 憐憫；同情
collocate 動 並置	**compose** 動 組成
combine 動 結合	**connect** 動 連接

consent	correlation
動 名 同意	名 相互關係

contemporary	correspond
形 同時代的	動 符合

10 PREFIX

counter-

▶ opposite

字首 "counter-" 表示「相反的」。通常用來加在動詞、名詞或形容詞前。

counteract

動 抵銷；中和

counterattack

動 反擊

counterbalance

名 抵銷；抗衡
動 抵銷；抗衡

counterclockwise

形 逆時針的
副 逆時針地

countercultural

形 反文化的

countercurrent

名 逆流

counterdemonstration

名 反示威

counterpart

名 對應的物或人

例 A heavy smoker has to pay much more in the life insurance premiums than his or her non-smoking **counterpart**.
重度吸菸者必須比不吸菸者支付更多的人壽保險費。

counterplot

名 對抗策略

counterreformation

名 反改革

counterrevolution

名 反革命

Exercise 2 (Unit 6–10)

I. 請將左欄的字首與右欄的字義做配對。

_____ 1. cent-/centi- (centimeter)

_____ 2. co-/col-/com-/con-/cor- (coexist)

_____ 3. by- (bygone)

_____ 4. counter- (counterattack)

(A) opposite

(B) near; secondary; past

(C) hundred; hundredth

(D) with; together

II. 請選出下列單字的正確釋義。

_____ 1. kilogram

(A) one hundred grams

(B) one thousand grams

(C) one hundredth of a gram

(D) one thousandth of a gram

_____ 2. bystander

(A) a person who stands near but doesn't take part in

(B) a person who stands among friends

(C) a person who always stands by himself/herself

(D) a person who stands by whatever he/she says

_____ 3. compassion

(A) sorrow for the sufferings of others

(B) a strong affection

(C) a lifelong passion

(D) a great passion for helping others

_____ 4. coherent

(A) forming a whole

(B) sharing in an activity

(C) illogically connected

(D) sticking together

III. 請利用表格中的單字完成句子，並視需要做時態、人稱、單複數等變化。

| centimeter | collide | by-product | consent | kilocalorie |
| correspond | counterpart | collapse | coincide | century |

1. E-education will be more and more popular in the 21st _____.

2. The coffee table is 120 _____ in length.

3. The huge earthquake caused buildings to _____, including an old church tower.

4. According to the data, women voters were more than their male _____.

5. Will there be any chemical _____ obtained during the production?

6. Linda's reasoning did not _____ to reality.

7. If you run half an hour, you can burn about 200 _____.

8. Jane's parents finally _____ to her participation in the contest yesterday.

9. Dr. Wilson's discovery _____ with his traffic accident happening on his way home. It happened by chance.

10. The boy got injured when his bicycle _____ with a taxi.

11
PREFIX

contra-

▶ against

contro-

字首 "**contra-**" 和 "**contro-**" 表示「反對」。用來形成動詞、名詞或形容詞。

---

contradict

動 駁斥

＊ contra + dict (說) = **contradict**

---

contradistinction

名 對照的區別；對比

---

contranatural

形 違反自然的

---

contraposition

名 對置；對照

---

contrary

形 相反的

＊ contra + (a)ry (形容詞字尾) = **contrary**

---

contrast

動 對照
名 對照

＊ contra + st (站立) = **contrast**

---

controvert

動 爭論

＊ contro + vert (轉向) = **controvert**
＊ **controversial** 形 引起爭論的
＊ **controversy** 名 爭論

12
PREFIX

cross-

▶ going from one side to the other

字首 "cross-" 表示「從一邊到另一邊」。通常用來形成動詞、名詞或形容詞。
★參考 p. 24 dia-、p. 91 trans-

crossbeam

名 (建築的) 橫樑

cross-border

形 跨越邊界的

cross-Channel

形 橫渡英吉利海峽的

crosscheck

動 多方查證

cross-country

形 橫越國家的；越野的

例 Mr. Lin is preparing for another **cross-country** race.
林先生正在準備另一個越野賽。

cross-cultural

形 跨越文化界線的

例 Jim's interest in **cross-cultural** communication goes back to his childhood.
Jim 對跨文化交流的興趣可以追溯至他的童年。

cross-desert

形 橫越沙漠的

crossover

名 跨越類型、領域等的事物

crossroads

名 十字路口

crosstown

形 穿越城鎮的

crosswalk

名 行人穿越道

crosswise

副 交叉地；橫地

＊ cross ＋ wise (副詞字尾) ＝ **crosswise**

crossword

名 縱橫填字謎

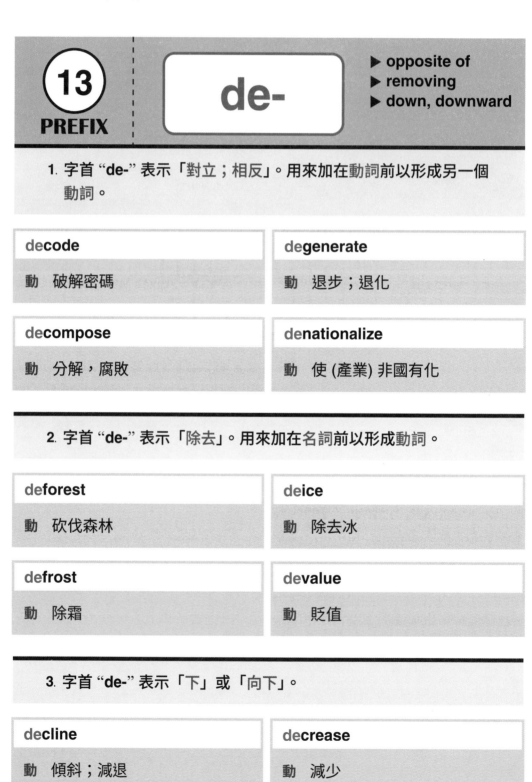

13 PREFIX

de-

▶ opposite of
▶ removing
▶ down, downward

1. 字首 "de-" 表示「對立；相反」。用來加在動詞前以形成另一個動詞。

decode	**de**generate
動 破解密碼	動 退步；退化
decompose	**de**nationalize
動 分解，腐敗	動 使 (產業) 非國有化

2. 字首 "de-" 表示「除去」。用來加在名詞前以形成動詞。

deforest	**de**ice
動 砍伐森林	動 除去冰
defrost	**de**value
動 除霜	動 貶值

3. 字首 "de-" 表示「下」或「向下」。

decline	**de**crease
動 傾斜；減退	動 減少

degrade

動　降低 (品格、價值、地位)

descent

名　下降；沒落

depress

動　壓下；使沮喪

deteriorate

動　變壞；惡化

descend

動　下降

14 PREFIX

dia-

▶ passing through, between

字首 "dia-" 通常用來形成動詞或名詞，表示「通過；穿越」或「在…之間」。

★參考 p. 20 cross-、p. 91 trans-

diachronic

形 歷時的【從歷史的角度研究語言學的】

diagnose

動 診斷

diagonal

名 對角線
形 對角線的

＊ dia + gonal (角度) = **diagonal**

diagram

名 圖表

＊ dia + gram (寫) = **diagram**

dialect

名 方言

dialogue

名 對話

＊ dia + logue (說) = **dialogue**
＊ mono (單獨的) + logue = **monologue** 名 (戲劇) 獨白

diameter

名 直徑

＊ dia + meter (測量) = **diameter**

15 PREFIX

dis-

▶ not, opposite of, removing

字首 "**dis-**" 表示「不；否定」、「對立；相反」或「去除」。用來形成名詞、動詞或形容詞。

disability

名 失能；傷殘

disadvantage

名 不利 (的情況)

disagreeable

形 令人不愉快的

disappear

動 消失

disapproval

名 不贊成

disarm

動 解除⋯的武裝

disbelief

名 不相信

disburden

動 解除⋯的負擔

disclose

動 揭露

discomfort

名 不舒適
動 使不舒適

discourage

動 使氣餒，阻止

dishonest

形 不誠實的

disloyal

形　不忠誠的

disorganized

形　(組織) 紊亂的

disobedient

形　不順從的

dissatisfaction

名　不滿足

disorder

名　失序；失調

📝 Exercise 3 (Unit 11–15)

I. 請將左欄的字首與右欄的字義做配對。

_____ 1. de- (degrade)

_____ 2. dis- (disagreeable)

_____ 3. contra-/contro- (contranatural)

_____ 4. cross- (crossroads)

_____ 5. dia- (diameter)

(A) passing through; between

(B) going from one side to the other

(C) against

(D) not

(E) opposite of; removing; down

II. 請選出下列單字的正確釋義。

_____ 1. descend

    (A) to spread and stretch forth

    (B) to move from a higher place to a lower place

    (C) to continue to be

    (D) to move upward

_____ 2. dialogue

    (A) a conversation between two or more people

    (B) a part of a play in which one character speaks alone

    (C) a response to some situation

    (D) a spiritual connection between two people

_____ 3. disclose

    (A) to bring back to normal condition

    (B) to give evidence of

    (C) to permit to enter

    (D) to make known or public

_____ 4. crosswalk

    (A) a passageway through a mountain

    (B) a bridge over a road

    (C) a crossing lane for pedestrians

    (D) a railway crossing

_____ 5. controvert

    (A) to deny the statement of a person

    (B) to argue or reason against

    (C) to find fault

    (D) to feel dislike for something

III. 請將下列句子填入適當的單字。

1. Dr. Brown suggested that homeschools should increase and classrooms should _____ (de-).

2. The red statue stands there in _____ (contra-) against the blue sky.

3. You had better take the frozen tuna out of the freezer to _____ (de-) at room temperature.

4. Let the physician _____ (dia-) your headache and prescribe an adequate treatment.

5. Mr. Kim's health quickly _____ (de-) after he got cancer.

6. The service is particularly for wheelchair users or those who have a mobility _____ (dis-).

7. "Have you finished your work?" "On the _____ (contra-), I've only just begun to do it."

8. Linda disagreed with the project. But she was wondering how to express her _____ (dis-).

9. The _____ (dia-) is only spoken in some areas of the island.

10. I am home again, and I can sweep away my troubles and _____ (dis-) my mind.

16
PREFIX

e-

▶ out, away from, awfully
▶ electronic

1. 字首 "**e-**" 表示「出；外」、「遠離」，或是「極度地」用來加強語氣。用於字母 b、d、g、j、l、m、n、r、v 前來形成動詞。

eject 動　彈出；驅逐	**emigrate** 動　移居
elapse 動　(時間) 過去，逝去	**emit** 動　散發，排放 (光線、氣體等)
elect 動　選舉	**erase** 動　擦掉
eliminate 動　去除	**erupt** 動　(水、氣體、岩漿等) 噴出；(火山) 爆發
emancipate 動　使獲得解放	**evacuate** 動　撤離
emerge 動　浮現，出現	**evade** 動　閃避，躲避

evaluate

動　評估

evolve

動　發展；使進化

---

2. 字首 "e-" 或 "E-"，表示「電子的」，用來形成指稱電腦網路世界的複合字。

e-banking

名　網路銀行業務

e-mail

名　電子郵件

e-book

名　電子書

e-money

名　電子貨幣

e-business

名　電子化企業營運

e-résumé

名　電子履歷

e-commerce

名　電子商務

e-ticket

名　電子票

e-government

名　電子化政府

e-zine

名　電子雜誌

en-

▶ provide with, cause to become
▶ put into or on
▶ in, awfully

1. 字首 "en-" 表示「提供某事物」或「使成為某事物」。通常加在名詞或形容詞前以形成動詞。

enable 動　使能夠	**en**rich 動　使富有
encourage 動　鼓勵	**en**slave 動　奴役
endanger 動　使…陷於危險	**en**title 動　給…取名
enlarge 動　擴大	**en**trust 動　委託

2. 字首 "en-" 表示「裝入」或「放上」。用在名詞或動詞前以形成動詞。

encage 動　關入籠中	**en**case 動　將…裝入箱中

enroll	enthrone
動 列入名冊；使⋯入學	動 使 (君王) 即位

enshrine	entomb
動 將⋯置於神龕內	動 掩埋；埋葬

3. 字首 "en-" 表示「裡面；在⋯內」或「極度地」用來加強語氣。
用來加在動詞前以形成另一個動詞。

enact	enforce
動 制訂 (法律)；演出⋯的角色	動 強制執行

enclose	enlighten
動 圍住	動 啟發

PREFIX 18

ex-

▶ former
▶ out, away from, beyond

1. 字首 "**ex-**" 表示「前任的；以前的」。廣泛地用在名詞前來指稱人。

ex-boyfriend 名 前男友	**ex-president** 名 前任總統
ex-mayor 名 前任市長	**ex-wife** 名 前妻

2. 字首 "**ex-**" 表示「出去」、「遠離」或「超出」。

exceed 動 超過	**exhaust** 動 耗盡
exclude 動 排除	**exit** 動 離場；離開
exert 動 發揮；運用	**exotic** 形 外來的；異國風味的

expel	**expose**
動　逐出	動　使暴露於；使遭受

expire	**extend**
動　呼氣；(執照等) 到期	動　伸展；延長

export	**extinguish**
動　(貨物) 出口	動　使…熄滅

19 PREFIX

extra-

▶ outside, beyond
▶ very much

1. 字首 "**extra-**" 表示「外面」或「超越某事物」。通常加在形容詞前以形成另一個形容詞。

extracurricular 形 課外的	**extra**terrestrial 形 外星 (人) 的
extralegal 形 不受法律限制的	**extra**territorial 形 領土外的
extraordinary 形 不尋常的	**extra**vagant 形 揮霍的；過度的
extrasensory 形 超感官的	

2. 字首 "**extra-**" 表示「非常」。用來加在形容詞前以形成另一個形容詞。

extra-large 形 特大的	**extra**-long 形 特長的

extra-small

形　特小的

extra-thin

形　特別瘦的

extra-special

形　非常特別的

20
PREFIX

fore-

▶ **before, in front of**

字首 "fore-" 表示「以前」或「在…之前」之意。通常用於動詞或名詞前。

★參考 p. 68 pre-

forearm

動　預先武裝

forecast

動　預測；預報
名　預測；預報

forefather

名　祖先

forefinger

名　食指

forefoot

名　(動物的) 前足

foreground

名　(繪畫的) 前景

forehead

名　額頭

foremost

形　最先；第一流的

forerunner

名　先驅

foresee

動　預見

foreshadow

動　成為前兆；預示

foresight

名　先見之明

foretell

動　預言

forewarn

動　預先警告

forethought

名　事先考慮；深謀遠慮

foreword

名　(書的) 前言；序文

✎ Exercise 4 (Unit 16–20)

I. 請將左欄的字首與右欄的字義做配對。

_____ 1. ex- (ex-mayor)   (A) out; away from; awfully

_____ 2. extra- (extraordinary)   (B) former; beyond

_____ 3. fore- (forefather)   (C) before; in front of

_____ 4. e- (eject)   (D) outside or beyond something; very much

_____ 5. en- (entrust)   (E) to provide with something; to put into

II. 請選出下列單字的正確釋義。

_____ 1. exclude

    (A) to prevent from being cheated

    (B) to prevent from being considered or accepted

    (C) to be present at

    (D) to refuse to be present at

_____ 2. evacuate

    (A) to throw away useless things

    (B) to escape from a prison

    (C) to cause to change directions

    (D) to withdraw or send away from a threatened area

_____ 3. export

    (A) to bring in from a foreign country

    (B) to send or transport abroad

    (C) to cause something to fall

    (D) to come to a sudden stop

_____ 4. forerunner

    (A) one that goes before to give notice of the approach

    (B) one that runs in front of others

    (C) one that prepares in advance

    (D) one that is forced to run out of town

_____ 5. extrasensory

   (A) not making sense

   (B) being in the condition of losing a certain sense

   (C) being outside of the range of the senses

   (D) not being able to be aware of

III. 請將下列句子填入適當的單字。

1. Polar bears might be the first _____ (en-) species because of global warming.

2. If Ted spends more than what he earns, his expenses will _____ (ex-) his income.

3. David is trying to explain how to use their daily weather _____ (fore-).

4. Since the law exists, it should be _____ (en-) impartially.

5. What should be done to _____ (e-) the quality of our products?

6. The Lin family _____ (e-) to the USA from Taiwan in 1970.

7. The study shows that human beings have the ability to _____ (fore-) the future.

8. Ann _____ (ex-) her contract with the company; that means she can work till the end of this year.

9. A new law was _____ (en-) to help prevent another tragedy.

10. The fire at the factory had been _____ (ex-) before the firefighters arrived.

21
PREFIX

il-

▶ not

字首 "il-" 表示「否定」。加在以 [l] 音開頭的形容詞前。

---

illegal

形 非法的

∗ il + leg (法律) + al (形容詞字尾) = **illegal**

---

illegible

形 字跡模糊的

---

illegitimate

形 不合法的；非婚生的

---

illiberal

形 偏狹的；不開明的

---

illimitable

形 無限的

∗ il + limit (界限) + able (形容詞字尾) = **illimitable**

---

illiterate

形 不識字的；無學識的

---

illogical

形 不合邏輯的

EXTRA 補充

字首 "il-" 也表示「在…之上」。

① illuminate 　動　照亮；啟發
② illusion 　名　幻影；假象
③ illustrate 　動　舉證說明

im-

▶ cause to be in a particular state; in, into, inward
▶ not

字首 **"im-"** 加在以 [b]、[m] 或 [p] 音開頭的形容詞、名詞或動詞前面。

1. **"im-"** 表示「使某事物或某人處於特定狀態」或是「裡面、進入或向內」。

immigrate	**im**press
動　(從外地) 移民	動　使人印象深刻；蓋 (印)

implant	**im**print
動　灌輸；移植	動　蓋印；銘記

import	**im**prison
動　進口	動　監禁

2. **"im-"** 表示「否定」。

imbalance	**im**mobile
形　不平衡的	形　不能移動的

immature	**im**modest
形　不成熟的	形　粗魯的

immoral	imperfect
形　不道德的	形　不完美的

impatient	improper
形　不耐煩的	形　不適當的

23
PREFIX

in-

▶ not
▶ cause to be in a particular state
▶ in, into, inward

字首 "**in-**" 加在除了 [b]、[m]、[p]、[l] 和 [r] 音開頭的其他字前。
1. "**in-**" 表示「否定」。用來加在形容詞或名詞前。

incapable	**in**digestion
形 無能力的	名 消化不良
incomplete	**in**expensive
形 不完全的	形 廉價的，不貴的
inconvenience	**in**numerable
名 不方便	形 無數的
incorrect	**in**significant
形 不正確的	形 不重要的
incurable	**in**visible
形 不能醫治的	形 無法看見的，隱形的
independence	
名 獨立	

2. "**in-**" 表示「使某事物或某人處於特定狀態」。用來形成動詞。

---

infect

動 使感染

inflate

動 鼓起；膨脹

inflame

動 使發熱；使發炎

invigorate

動 使強壯；鼓舞

---

3. "**in-**" 表示「裡面、進入或向內」之意。用來形成動詞、名詞或形容詞。

---

inject

動 注射

insight

名 洞察力

inland

形 內陸的

interior

形 內部的

input

動 輸入 (資料，信號)

invade

動 入侵

insert

動 插入

24 PREFIX

ir-

▶ not

字首 "ir-" 表示「否定」。用來加在以 [r] 音開頭的形容詞前。

irrational

形 不理性的

irremediable

形 無法補救的

irreconcilable

形 不能妥協的

irremovable

形 不可移除的

irrecoverable

形 不能恢復的

irreparable

形 無法修補的

irreducible

形 不能縮減的

irreplaceable

形 不能替換的

irregular

形 不規則的

irresistible

形 無法抗拒的

irrelevant

形 不相干的

irresponsible

形 不負責任的

irreligious

形 無宗教信仰的

25
PREFIX

inter-

▶ between, among; with each other, mutually

字首 "**inter-**" 表示「在…之間、在…之中」或「彼此、互相」。

---

interaction

名 交互作用；互動

例 We should try to strengthen **interaction** between parents and children.
我們應該嘗試加強父母與孩子間的互動。

interchange

動 互換

例 I'd like to **interchange** ideas with you.
我想要與你交換意見。

intercommunication

名 相互溝通

intercontinental

形 洲際的

intercultural

形 不同文化之間的

interface

名 (電腦程式的) 界面

intergroup

形 團體之間的

interlink

動 連結
名 連結

intermarriage

名 通婚

intermediate

形 中級的，中等程度的

intermix

動　混合

interrelated

形　相互關連的

international

形　國際 (間) 的

interstate

形　州際的

interpersonal

形　人與人之間的；人際的

例　You had better try to improve
interpersonal skills.
你最好試著改善人際關係的技巧。

interval

名　(時間或空間的) 間隔

📝 Exercise 5 (Unit 21–25)

I. 請依據括弧中的提示字，搭配正確的字首 (im-、in-、ir-、il-) 完整寫出其相反字義的字詞。

1. _____ (liberal)

2. _____ (convenience)

3. _____ (correct)

4. _____ (responsible)

5. _____ (proper)

II. 請選出下列單字的正確釋義。

_____ 1. invigorate

　　　　(A) to be filled with hatred

　　　　(B) to give life or energy to

　　　　(C) to give sympathy to

　　　　(D) to do violence to

_____ 2. inflate

　　　　(A) to be surrounded with

　　　　(B) to become flat

　　　　(C) to puff up or to swell

　　　　(D) to be fixed on

_____ 3. invade

　　　　(A) to be admitted to a university

　　　　(B) to enter for conquest

　　　　(C) to reject one's request

　　　　(D) to be informed

_____ 4. interior

(A) coming from outside the world

(B) being inside the earth

(C) located on the inside

(D) being on an outside surface

_____ 5. insight

(A) ability to analyze

(B) exploring one's inner self

(C) traveling to the inner part of a country

(D) ability to see the inner nature of things

_____ 6. imprison

(A) to put in prison

(B) to escape from prison

(C) to break prison

(D) to be sentenced to death

III. 請利用表格中的單字完成句子，並視需要做時態、人稱、單複數等變化。

interpersonal	immigrate	implant	interaction	infect

1. It's difficult to kick the deeply _____ bad habits Joe developed during his childhood.

2. The goal of these group activities is to help students build positive _____ relationships.

3. It is reported that four human beings in Vietnam were _____ by the bird flu.

4. My parents _____ from Italy twenty years ago, but I was born and raised in New York.

5. The games are designed to improve social _____ among students and between a teacher and students.

26 PREFIX

micro-

▶ **extremely small**

字首 "**micro-**" 表示「極小的；微小的」。用來加在名詞前以形成另一個名詞。

★參考 p. 53 mini-

microanalysis

名 (化學的) 微量分析

microbiology

名 微生物學

microblog

名 微網誌 【如 Facebook、X、Plurk 等】

microchip

名 微晶片

microcomputer

名 微電腦

microcopy

名 (印刷品的) 微縮拷貝

microenterprise

名 微型企業

microfilm

名 微膠卷

microgram

名 百萬分之一公克【10^{-6} g】

micrometer

名 百萬分之一公尺【10^{-6} m】

microphone

名 擴音器，麥克風

microprocessor

名 (電腦的) 微處理器

microscope

名 顯微鏡

microsurgery

名 顯微手術

microsecond

名 百萬分之一秒【10^{-6} sec】

microwave

名 微波 (爐)

27
PREFIX

mini-

▶ small, short

字首 "mini-" 表示「小的」或「短的」。　　★參考 p. 51 micro-

minibar

名　(飯店房間裡的) 飲料冰箱

minibike

名　迷你腳踏車/機車

mini-break

名　短期假期
(= mini-vacation)

minibus

名　迷你巴士；小巴士

minicam

名　迷你攝影機

minicamp

名　短期訓練營

mini-golf

名　迷你高爾夫
(= miniature golf)

minimal

形　最小的；最低限度的

minimize

動　減至最低限度

minimum

名　極小 (值)

miniseries

名　迷你影集

miniskirt

名　迷你裙

28 PREFIX

mis-

▶ bad(ly),
wrong(ly); not

字首 "mis-" 表示「不好 (地)、錯誤 (地)」或「否定」。通常用來加在動詞或名詞前以形成另一個動詞或名詞。

---

misappropriate

動　私吞；盜用

misbehave

動　舉止不當

mischief

名　惡作劇

misconduct

名　行為不檢；處理不當

misdeed

名　惡行

misfortune

名　不幸

misguide

動　指導錯誤

misinformation

名　錯誤訊息

misinterpret

動　錯誤地解釋或說明

mislead

動　引導錯誤；使誤解

misplace

動　誤置

misquotation

名　引用錯誤

misread

動 誤讀

misspelling

名 拼字錯誤

mistake

名 錯誤

mistranslate

名 誤譯

mistrust

名 不信任，懷疑
動 不信任，懷疑

misunderstand

動 誤會

misuse

動 誤用

29 PREFIX

multi-

▶ many, more than two

字首 "multi-" 表示「許多」或「兩個以上」。

multibillionaire

名 億萬富翁

multi-cellular

形 多細胞的

multicolored

形 多種顏色的

multicultural

形 多元文化的

例 When people from different countries live together, they form a **multicultural** society.
當來自不同國家的人們生活在一起時，就形成了多元文化的社會。

multiethnic

形 多民族的

multifaceted

形 (問題等) 多面向的

multifunction

名 多功能

multimedia

名 多媒體
形 使用多媒體的

multimillionaire

名 千萬富翁

multinational

形 跨國的

例 Mr. Lin wishes he could run a **multinational** corporation.
林先生希望他能夠經營一間跨國企業。

multiple

形　多數的

multiple-choice

形　(題型) 選擇的

例　The following are tips for taking **multiple-choice** tests.
以下是作答選擇題的小訣竅。

multiply

動　增加；(數學) 乘

multipurpose

形　多用途的

multistory

形　多層樓的

30
PREFIX

non-

▶ no, not

字首 "non-" 表示「不」或「非」。用來加在形容詞或名詞前以形成另一個形容詞或名詞。

nonalcoholic 形　不含酒精的	**non**fiction 名　非小說類的文學作品
nonconductor 名　不良導體；絕緣體	**non**member 名　非會員
nondrinker 名　不喝酒的人	**non**nuclear 形　非核子 (武器) 的
non-discrimination 名　不歧視	**non**professional 形　非職業的
nonexistent 形　不存在的	**non**profit 形　非營利的
nonfat 形　脫脂的	**non**sense 名　廢話

nonsmoker

名 不抽菸的人

nonstick

形 (鍋) 不沾的

nonstop

名 直達
形 直達的

nonverbal

形 非言語的

nonviolent

形 非暴力的

📝 Exercise 6 (Unit 26–30)

I. 請將左欄的字首與右欄的字義做配對。

_____ 1. mini- (miniskirt)   (A) more than two or many

_____ 2. mis- (mislead)   (B) no or not

_____ 3. micro- (microchip)   (C) wrong(ly) or not

_____ 4. non- (nonviolent)   (D) small or short

_____ 5. multi- (multinational)   (E) extremely small

II. 請選出下列單字的正確釋義。

_____ 1. misuse

    (A) to use something as

    (B) to use something up

    (C) to use properly

    (D) to use incorrectly

_____ 2. minimum

    (A) the most quantity or degree possible

    (B) the least possible quantity or degree

    (C) the highest degree of completeness

    (D) the lowest degree of accuracy

_____ 3. microscope

    (A) hand-held lenses used for making things appear larger

    (B) a pair of lenses in a frame used to help a person's eyesight

    (C) an instrument for making distant objects appear nearer and consequently larger

    (D) an instrument consisting of lenses to make small things look larger so that they can be studied

_____ 4. multiply

    (A) to grow older

    (B) to grow less

    (C) to increase in number

    (D) to become energetic

_____ 5. nonsense

    (A) words or actions having no intelligible meaning

    (B) words or actions that are not reliable

    (C) low-quality products

    (D) low-quality service

III. 請將下列句子填入適當的單字。

1. Students who _____ (mis-) in school will be reported to their parents.

2. My sister works in a _____ (non-) organization, which does not aim to earn money.

3. I need to explain to all of you, because I feel I was _____ (mis-). I don't want to be thought of as a miser.

4. In order to _____ (mini-) cold air loss, open refrigerator doors only when you have decided what to take out.

5. The little boy often gets into _____ (mis-) and makes trouble for others and himself.

(31) PREFIX out-

▶ outside, outward
▶ greater, more than

1. 字首 "out-" 表示「外面」或「向外」。用來加在動詞、名詞或動名詞前。

---

outbreak

名 (疾病、戰爭等的) 爆發

---

outline

名 輪廓，外型；大綱，概要

---

outburst

名 (動作、感情等的) 突發

---

outlook

名 景色；展望

---

outcome

名 結果

---

output

名 出產；(機械、電子的) 輸出

---

outdoor

形 戶外的

---

outsider

名 旁觀者

---

outfielder

名 外野手

---

outskirts

名 (市鎮等的) 外圍，近郊

---

outlaw

名 不法之徒
動 使成為非法

---

outsourcing

名 委外工作，外包

2. 字首 "**out-**" 表示「程度更強的」或「比…更多」。通常用在動詞、形容詞或某些名詞前以形成動詞。

outdo 動 勝過	**out**run 動 跑得比…快
outlive 動 比…活的久	**out**sell 動 比…賣得多
outmatch 動 勝過；優於	**out**smart 動 以機智勝過
outnumber 動 比…多	**out**weigh 動 比…更重 (要)
outrage 動 激怒	**out**wit 動 以機智勝過

32 PREFIX

over-

▶ too much
▶ above, passing across or over
▶ moving downward from above

1. 字首 "over-" 表示「太多；過度」。通常用在動詞、形容詞或名詞前。

overcharge 動 索價過度	**over**emphasize 動 過分強調
overconfident 形 過度自信的	**over**estimate 動 高估
overconservative 形 過度保守的	**over**expansion 名 過度膨脹
overcrowded 形 過度擁擠的	**over**hear 動 偷聽
overdose 名 (藥物等的) 過量使用	**over**production 名 生產過剩
overeat 動 過度進食，暴飲暴食	**over**protect 動 過度保護

oversleep	overweight
動 睡過頭	形 過重的；超重的

overuse	overwork
動 使用過度	動 工作過度

2. 字首 "**over-**" 表示「在…上方」或是「穿過或越過」。通常用在名詞或動詞前以形成另一個名詞、動詞、形容詞或副詞。

overflow	overnight
動 氾濫	副 整晚地，過夜地；突然

overhead	overpass
形 在 (頭) 上方的	動 超過

overlap	overtake
動 重疊	動 追過

overlook	overview
動 俯視	名 概況

3. 字首 "over-" 表示「從上往下方移動」。用來形成動詞。

overcome	overturn
動 克服	動 傾覆

overthrow	overwhelm
動 推翻	動 壓倒

33 PREFIX

per-

▶ through, throughout, thoroughly, intensively

字首 "**per-**" 表示「通過」、「貫穿」、「徹底地」或「強烈地」。用來形成動詞、形容詞或名詞。

perceive

動 察覺

＊ per + ceive (拿取；抓住) = **perceive**

perception

名 見解

perfect

形 完全的；完美的

＊ per + fect (做成) = **perfect**

perform

動 執行；演出

perish

動 滅亡

permanent

形 永久的

permit

動 允許
名 許可證明

＊ per + mit (送出) = **permit**

persevere

動 堅忍；不屈

persist

動 堅持；持續

＊ per + sist (使站立) = **persist**

persuade

動 說服

pre-

▶ before, earlier than

字首 "pre-" 表示「在⋯之前」或「比⋯更早」。用來形成動詞、名詞或形容詞。

★參考 p. 37 fore-

---

precaution

名　預防 (措施)

---

precede

動　在⋯之前
* pre + cede (前往) = **precede**

---

predict

動　預測
* pre + dict (說) = **predict**

---

preheat

動　預熱

---

prehistoric

形　史前的

---

prejudice

名　偏見
* pre + judice (論斷) = **prejudice**

---

preliminary

形　初步的
* pre + limin (界限) + ary (形容詞字尾) = **preliminary**

---

premature

形　未成熟的

---

preoccupy

動　使專注，使著迷

---

preschool

形　學齡前的

---

prescribe

動　開處方

preserve

動　保存

＊　pre + serve (保存) = **preserve**

presume

動　假設

preview

名　預告片
動　試映

＊　pre + view (看) = **preview**

previous

形　先前的

prewar

形　戰前的

pro-

▶ before, forth, forward
▶ for, supporting, on behalf of

1. 字首 "pro-" 表示「在…之前」或「向前」。用來形成動詞、名詞或形容詞。

procedure 名 程序，流程	**pro**long 動 延長
proceed 動 前進	**pro**minent 形 卓越的；突出的
produce 動 生產，製造	**pro**mote 動 使升遷；促進
profound 形 巨大的；深奧的	**pro**nounce 動 發出…的音；宣布
progress 動 進步 名 進步	**pro**peller 名 推進器；螺旋槳
project 名 計畫 動 投射 (光影)	**pro**phet 名 預言家

propose

動　提議

prospect

名　期望；展望；景色

protest

動　抗議，提出異議
名　抗議

provoke

動　激起；挑撥

---

2. 字首 "**pro-**" 表示「支持」、「擁護」或是「代表」。用來加在名詞或形容詞前。

pro-American

形　親美國的

pro-democracy

形　支持民主的

pro-choice

形　支持墮胎的，支持選擇權的

pro-life

形　反對墮胎的，支持生命的

pro-Communist

形　親共產黨的

pronoun

名　代名詞

📝 Exercise 7 (Unit 31-35)

I. 請將左欄的字首與右欄的字義做配對。

_____ 1. over- (overcharge)

_____ 2. pre- (preview)

_____ 3. per- (perfect)

_____ 4. out- (outsider)

_____ 5. pro- (progress)

(A) thorough(ly)

(B) supporting; forth; on behalf of

(C) before or earlier than

(D) too much

(E) outside; greater than

II. 請選出下列單字的正確釋義。

_____ 1. outcome

(A) a factor

(B) a reason

(C) an impression

(D) a consequence

_____ 2. precede

(A) to advance or go on

(B) to come before in time, order, or rank

(C) to handle something without permission

(D) to form an opinion before getting the necessary information

_____ 3. overhear

(A) to hear too much about something

(B) to hear without the speaker's knowledge or by accident

(C) to hear from someone who has been away over years

(D) to hear about something over the radio

_____ 4. prolong

(A) no longer be able to keep up with

(B) to meet before long

(C) to lengthen in time or space

(D) to shorten in time or space

_____ 5. outdo

    (A) to do something fun outside working hours

    (B) to get outside and do something

    (C) to do something better than any others

    (D) to do what others won't do

III. 請利用表格中的單字完成句子，並視需要做時態、人稱、單複數等變化。

prospect	outweigh	promote	precaution
perceive	overestimate	overwhelm	persist

1. They are finding good ways to _____ the new product, hoping it will sell successfully on today's market.

2. Jasper will _____ in spite of the repeated failures he met with.

3. Losing her beloved cat, the woman was _____ with grief.

4. I _____ that they both have something in common.

5. After reconsidering, they decided to invest because they believed the profits _____ the risks.

6. I see no _____ of peace in this area where residents fought hard.

7. The school is advised to take _____ to prevent H1N1 flu pandemic.

8. The impact of global warming on global sea levels cannot be _____.

36 PREFIX

re-

▶ back, again

字首 "re-" 表示「往回」或「再一次」。

reaction

名 回應
 ↳ 動 react

rearrangement

名 重新安排
 ↳ 動 rearrange

rebirth

名 再生

rebuild

動 重建

recall

動 召回；回想
名 召回；回想

recollect

動 想起
 ↳ 名 recollection

reconsider

動 重新考慮

recycle

動 回收

reflect

動 回想；反射
 ↳ 名 reflection

reform

動 改革
名 改革
 ↳ 名 reformation

refresh

動　重新喚起；使…提神
　↳名　**refreshment**

regain

動　復得

repay

動　回報

repeat

動　重複
　↳名　**repetition**

replay

動　重播 (錄影等)
名　重播；重播的片段

reply

動　回答
名　回答

reread

動　重讀，再次閱讀

restore

動　恢復；復原

retrieve

動　取回；恢復
名　取回；恢復

revive

動　復活
　↳名　**revival**

self-

▶ by/to/of oneself, automatic

字首 "**self-**" 表示「獨自的；獨用的；自己的」、「自我」或「自動的」。用在帶有連字號 (-) 的複合字中。

self-addressed 形 寄給自己的；回郵的	**self-defense** 名 自我防衛
self-assessment 名 自我評估	**self-discipline** 名 自律
self-centered 形 自我中心的	**self-esteem** 名 自尊 (心)
self-confident 形 有自信的	**self-evident** 形 不證自明的；不言而喻的
self-conscious 形 過分在意的；有自我意識的	**self-interest** 名 自身利益
self-control 名 自制	**self-knowledge** 名 自知之明

self-respect

名　自重

self-sufficient

形　自給自足的

self-restraint

名　自制力

self-taught

形　自學的

self-service

形　自助的

(38) PREFIX semi- ▶ half

字首 "semi-" 表示「一半」。用在名詞或形容詞前。

semiannual

形 半年一次的

＊ semi + annu (年) + al (形容詞字尾) = **semiannual**

semiautomatic

形 半自動的

semicircle

名 半圓

semicolon

名 分號【；】

semiconductor

名 半導體

semiconscious

形 半清醒的

＊ semi + con (完整地) + sci (知覺) + ous (形容詞字尾) = **semiconscious**

semifinal

名 準決賽

semiformal

形 半正式的

semilunar

形 半月形的

＊ semi + lunar (月亮的) = **semilunar**

semiofficial

形 半官方的

semiprecious

形 (寶石) 次貴重的，半寶石的

semitransparent

形 半透明的

semipublic

形 半公開的

semivowel

名 半母音

semisolid

形 半固體狀的

(39) PREFIX — sub-

▶ under, below; inferior
▶ almost, near; small, less important part of, lower in rank

1. 字首 "**sub-**" 表示「在⋯下方」、「在⋯下面」或「較差的；低下的」。用來加在形容詞或名詞前以形成另一個名詞或形容詞。

subconscious	**sub**normal
名 潛意識 形 潛意識的	形 低於正常的

subhuman	**sub**standard
形 沒人性的	形 低於標準的

submarine	**sub**way
名 潛水艇	名 地下鐵

2. 字首 "**sub-**" 表示「幾乎」、「接近」、「小的」、「較不重要的部分」或「地位較低的」。用來加在形容詞、名詞或動詞前。

subculture	**sub**editor
名 次文化	名 文字編輯【英式用語】

subdivide	**sub**let
動 細分	動 轉租

subordinate

形　下級的；從屬的

subtitle

名　(書的) 副標題；字幕

subpolar

形　接近極區的

subtropical

形　亞熱帶的

subsidiary

形　補充的；附帶的

suburban

形　郊區的

(40) PREFIX

super-

▶ above, more than, to a very high degree

字首 "super-" 表示「在⋯之上」、「超過」或「在非常高的程度上」之意。

---

superabundant

形 過多的

---

supercilious

形 高傲的，傲慢的

---

supercool

動 過度冷卻

---

superexpress

名 超特快車
形 超特快的

---

superficial

形 膚淺的

---

superhero

名 超級英雄

---

superhigh

形 超高的

＊ **superhigh frequency**
名 超高頻

---

superhighway

名 高速公路

---

superhuman

形 超乎常人的

---

superimpose

動 置於⋯之上

＊ super + im (在⋯之上) + pose (放置) = **superimpose**

---

supermarket

名 超級市場

supernatural

形 超自然的

supernova

名 超新星

superpower

名 強權

supersonic

形 超音速的

＊ super + sonic (與聲音相關的) =
supersonic

superstar

名 超級明星

supervise

動 監督

📝 Exercise 8 (Unit 36–40)

I. 請將左欄的字首與右欄的字義做配對。

_____ 1. self- (self-control)　　(A) half

_____ 2. super- (supernatural)　　(B) by oneself or automatic

_____ 3. sub- (subtropical)　　(C) back or again

_____ 4. semi- (semicircle)　　(D) more than; to a high degree

_____ 5. re- (rebirth)　　(E) under; inferior; less important part of

II. 請選出下列單字的正確釋義。

_____ 1. revive

　　(A) to come back home

　　(B) to come back to life

　　(C) to leave again

　　(D) to consider again

_____ 2. self-discipline

　　(A) controlling or correcting one's conducts to improve oneself

　　(B) achieving something by using one's own efforts

　　(C) ability to express one's own feelings

　　(D) willingness to give up something that one owns

_____ 3. substandard

　　(A) above the usual standard

　　(B) failing to meet the normal standard

　　(C) managing to meet the usual standard

　　(D) being standardized

_____ 4. subtitle

　　(A) the most important title issue

　　(B) the least important title issue

　　(C) a secondary title of a book

　　(D) a person's rank

III. 請利用表格中的單字完成句子，並視需要做時態、人稱、單複數等變化。

self-centered	recycle	self-evident	repay
subconscious	recall	regain	self-esteem
suburban	superficial		

1. Different materials, such as paper, plastic or aluminum cans, can be _____ and reused.

2. Jane _____ consciousness after she fainted for ten minutes.

3. Andy is _____; he is selfish and concerned only with his own affairs.

4. Do you _____ our happy school days when we could spend all day together?

5. Peggy has low _____ and hates the way she looks.

6. This is a _____ statement. Obviously no proof is needed.

7. The methods are effective in learning English. You just listen and enjoy the stories but _____ your brain learns English grammar.

8. I can do nothing to _____ Derek for his kindness and selflessness.

9. To have more space, Lisa and Alex decided to leave the city and moved to a _____ house they bought last month.

10. Thackeray's *Vanity Fair* is about the greedy and _____ society in the Victorian Period.

sur-

41 PREFIX

▶ over, above, beyond

字首 "sur-" 表示「多於」、「超過」或「超越」。

surcharge
動 額外索價

surface
名 表面
形 表面的
動 加…於表面

surpass
動 勝過

surplus
名 結餘
＊ sur + plus (更多) = **surplus**

surreal
形 超現實的；不真實的

surrender
動 投降
＊ sur + render (給予) = **surrender**

surround
動 圍繞
↳名 **surroundings**
＊ sur + round (增大) = **surround**

surtax
名 附加稅

survey
名 調查
動 調查

survive
動 存活
＊ sur + vive (活著) = **survive**

42 PREFIX

sym-

▶ along with, together

syn-

字首 "**sym-**" 和 "**syn-**" 表示「連同」或「一起」，"**sym-**" 用在字母 b、p 和 m 前。

★參考 p. 13 co-

1. 字首 "**sym-**"

---

symbiosis

名 共生關係

---

symbol

名 象徵；符號

---

symmetry

名 相稱

∗ sym + metry (測量) = **symmetry**

---

sympathy

名 同情 (心)

∗ sym + pathy (遭受) = **sympathy**

---

symphony

名 交響樂

∗ sym (一起) + phone (聲音) = **symphony**

∗ **symphony orchestra**
名 交響樂團

---

symposium

名 (專題的) 研討會，討論會

---

symptom

名 症狀

---

2. 字首 "syn-"

synchronize

動　同步；將 (鐘錶) 對時

synopsis

名　摘要，大意

syndrome

名　症候群

synthesis

名　綜合

synergy

名　協同合作

synthetic

形　合成的

synonym

名　同義字

　　↳形　**synonymous**
＊　syn + onym (名稱) = **synonym**
↔　ant (= anti) + onym = **antonym**
　　名　反義字

43 PREFIX

tele-

▶ far, over a distance
▶ of television

1. 字首 "**tele-**" 表示「遙遠」或「在遠處」。通常用來加在名詞前以形成另一個名詞。

telecommunications

名 (遠距離) 通訊

telegraph

名 電報

telekinesis

名 隔空移物，心靈致動

telepathy

名 心靈感應

telephone

名 電話

telephotography

名 遠距離攝影

telesales

名 電話推銷
(= **tele**marketing)

telescope

名 望遠鏡

television

名 電視

2. 字首 "tele-" 表示「電視相關的」。

telecamera

名　電視攝影機

telecast

動　以電視播送
名　電視播送

telecourse

名　電視教學課程

teleplay

名　電視劇

teleshopping

名　電視購物

televise

動　透過電視播放

44 PREFIX

trans-

▶ across, beyond, on/to the other side of

字首 "trans-" 表示「橫過」、「超過」或「在/到另一邊」。通常用來形成動詞、形容詞或名詞。　★參考 p. 20 cross-、p. 24 dia-

---

transatlantic

形　橫跨大西洋的

---

transcend

動　超越；凌駕
　↳名　**transcendence**

---

transcontinental

形　橫跨大陸的

---

transcript

名　抄本；副本；(學校的) 成績單

---

transfer

動　移轉
名　移轉
　↳名　**transference**
＊　trans + fer (運送；攜帶) = **transfer**

---

transform

動　改變 (外表、性質)
　↳名　**transformation**
＊　trans + form (塑造) = **transform**

---

transfuse

動　輸血；灌輸

---

transit

名　輸送

---

transition

名　轉換

---

translate

動　翻譯
　↳名　**translation**

transmit

動　運送；傳播；傳導
　↳名　**transmission**

transnational

形　跨國的

transparent

形　透明的
　　↳名　**transparency**

transplant

動　移植 (植物、器官等)
名　(植物、器官等的) 移植

transport

動　運輸
名　運輸
　　↳名　**transportation**
＊　trans + port (運送；攜帶) =
　　transport

tri-

▶ **three**

字首 "**tri-**" 表示「三」。

triangle

名 三角形

↳ 形 **triangular**

triathlon

名 鐵人三項

＊ tri + athlon (比賽) = **triathlon**

tricycle

名 三輪車

↳ 名 **trike**

＊ tri + cycle (輪子) = **tricycle**

trilogy

名 三部曲 (小說、電影)

trimonthly

形 每三個月一次的

trio

名 三重奏

triple

形 三倍的
動 (使) 變成三倍

＊ tri + ple (重疊) = **triple**

EXTRA 補充

其他表示數字的字首：

① "mono-"、"uni-" (見本書 p. 101) 表
示「一；單」
→ universal ｜形｜ 共同的

② "bi-" (見本書 p. 6)、"du-" 或 "duo"
表示「二；雙」
→ duet ｜名｜ 二重唱

③ "quadr-" 表示「四」
→ quadruped ｜名｜ 四足動物

④ "quint-" 或 "penta-" 表示「五」
→ pentagon ｜名｜ 五角形

⑤ "deca-" 表示「十」
→ decade ｜名｜ 十年

📝 Exercise 9 (Unit 41–45)

I. 請將左欄的字首與右欄的字義做配對。

_____ 1. tele- (telephone)

_____ 2. tri- (triangle)

_____ 3. trans- (transport)

_____ 4. sur- (surplus)

_____ 5. sym-/syn- (symphony)

(A) along with or together

(B) over, above, or beyond

(C) across; to the other side of

(D) far or over a distance

(E) three

II. 請選出下列單字的正確釋義。

_____ 1. triple

(A) a current style

(B) a state or feeling of tension

(C) twice as much in size, number, or amount

(D) three times as much in size, number, or amount

_____ 2. transfer

(A) to send message to another

(B) to give something another chance

(C) to pass from one place, person, thing to another

(D) to do something one after another

_____ 3. telecourse

(A) a course in television presenting

(B) an online course

(C) a course of study over the telephone

(D) a course of study conducted over television

_____ 4. surpass

(A) to become better or stronger than

(B) to become worse or weaker than

(C) to move faster than

(D) to move less slowly than

_____ 5. synonym

   (A) a person who has a different life goal from another

   (B) a person who has the same life goal as another

   (C) a word that has the same or similar meaning as another

   (D) a word that is opposite in meaning to another

III. 請利用表格中的單字完成句子，並視需要做時態、人稱、單複數等變化。

surrender	transform	symptom	transition
synthetic	sympathy	survive	transmit

1. I felt _____ for Grace, whose cat died of poisoning.

2. Thousands of city residents who _____ the huge earthquake are now living in a big tent.

3. The store we loved was closed and was _____ into a big shopping center.

4. The common _____ of the flu are fever, muscle aches, and chills.

5. The Somali pirates _____ to the US Navy and the hostages were rescued.

6. Artificial leather is a material made from _____ fibers.

7. The memorial concert was _____ live to five Asian countries.

8. Lucy's attitude changed. I'm wondering what made her _____.

字首 "twi-" 表示「二」。

twice

副　兩次

twig

名　小樹枝

twilight

名　黎明；薄暮

　　↳ 形　twilit

twin

形　雙胞胎的
名　雙胞胎 (之一)

＊　**the Twin Cities**　名　(美國明尼蘇達州的) 雙子城【明尼亞波利斯和聖保羅】

twine

動　纏繞
名　纏繞

twist

名　扭轉
動　扭轉

EXTRA 補充

"di-" 是另一個表示「二或雙」的字首。

① di + lemma (假設) = **dilemma**
　　名　進退兩難
② di + vide (分開) = **divide**
　　動　分開；分隔
③ carbon dioxide　名　二氧化碳
④ dioxide　名　二氧化物
⑤ disyllable　名　雙音節的詞

un-

▶ not
▶ remove from, opposite of

PREFIX

1. 字首 "un-" 表示「否定」。用來加在形容詞、副詞或名詞前。

unable

形　不能的，無法的

unacceptable

形　不能接受的

unbelievable

形　毫無疑問的

uncommon

形　不尋常的

unconscious

形　失去意識的
　↳ 名　unconsciousness

undoubtedly

副　毫無疑問地

unemployment

名　失業
　↳ 形　unemployed

unequal

形　不平等的

unfriendly

形　不友善的

unlucky

形　運氣不好的

unpopular

形　不普遍的
　↳ 名　unpopularity

unreasonable

形　不合理的

unreliable	untidy
形　不可信賴的	形　雜亂的 　　↳名　untidiness

2. 字首 "un-" 表示「解開；去除」或「相反」。用來加在動詞或名詞前以形成另一個動詞。

uncage	unlock
動　將…放出籠子	動　開鎖

uncover	unpack
動　打開覆蓋物；揭發	動　拆開 (包裹)

undo	untie
動　解開	動　解開

unfold	unzip
動　攤開 (折疊的東西)	動　解壓縮

48 PREFIX

under-

▶ below, beneath
▶ not enough

1. 字首 "**under-**" 表示「在某平面之下」或「在…下面」。用來加在名詞或動詞前。

underground

形 地下的
名 地下組織

underline

動 劃底線

underpass

名 地下道

undersea

形 海底的

underwater

形 水面下的

underwear

名 內衣褲
　↳名 **underpants** 內褲

2. 字首 "**under-**" 表示「不足夠的」。用來加在名詞、動詞或形容詞前。

underachiever

名 學習成績、業績不佳的人

underage

形 未成年的

underdeveloped

形 低度開發的

underestimate

動 低估

undernourished

形　營養不良的

understaffed

形　員工不足的

underpaid

形　工資過低的

undervalue

動　低估⋯的價值

underpopulated

形　人口稀少的

underweight

形　體重不足的
名　體重不足

underprivileged

形　(社會、經濟上) 弱勢的

(49) PREFIX

uni-

▶ one

字首 "uni-" 表示「一」。用來形成動詞、名詞或形容詞。

---

unanimous

形　意見一致的

＊　un (= uni) + anim (心靈或精神) + ous (形容詞字尾) = **unanimous**

unicorn

名　獨角獸

＊　uni + corn (角) = **unicorn**

unicycle

名　單輪腳踏車

uniform

形　同一的
名　制服
　↳名　**uniformity**

unify

動　聯合；統一
　↳名　**unification**

---

unilateral

形　單方面的；單邊的

union

名　結合；聯盟

unique

形　獨一無二的
　↳名　**uniqueness**

unisex

形　(服裝、髮型) 不分男女的

unison

名　一致，同步

unit

名　單元；個體

unite

動　使連結；統一

universal

形　普遍的

universe

名　宇宙

＊　uni + verse (轉動) = **universe**

EXTRA 補充

"mono" 是表示「單，單一」的字首。

① monopoly　名　專賣；獨佔
② monotonous　形　單調的

50 PREFIX

up-

▶ up, higher

字首 "**up-**" 表示「向上」或「更高」。通常用來形成動詞、名詞、形容詞**或**副詞。

upbeat

形 樂觀的

upbringing

名 教養

update

動 更新 (報導)
名 最新消息;最新版

upgrade

動 升級;提升
名 升級;提升

uphill

形 上坡的
↔ **downhill** 形 下坡的

副 往上坡
↔ **downhill** 副 往下坡

uphold

動 支持;確認

upkeep

名 保養;維修

uplift

動 舉起;升起
↳形 **uplifting**

upload

動 (電腦) 上傳
↔ **download** 動 下載

upright

形 直立的;正直的
名 直立狀態

103

uproar

名 騷動
  ↳ 形 **uproarious**

uproot

動 根除

upset

動 生氣；不舒服；爆冷門
名 生氣；不舒服；爆冷門

upside

名 上面；上方

upstairs

副 樓上

upstream

形 向上游方向的
  ↔ **downstream** 形 往下游的

副 向上游方向
  ↔ **downstream** 副 往下游

uptown

形 遠離市中心的
副 遠離市中心
  ↔ **downtown** 名 市中心

upward

形 向上的
副 向上地

📝 Exercise 10 (Unit 46–50)

I. 請將左欄的字首與右欄的字義做配對。

_____ 1. uni- (unite)

_____ 2. un- (unlock)

_____ 3. twi- (twice)

_____ 4. under- (underwear)

_____ 5. up- (uphill)

(A) higher

(B) below; not enough

(C) one

(D) not

(E) two

II. 請選出下列單字的正確釋義。

_____ 1. unique

(A) alike

(B) one and only

(C) similar

(D) different

_____ 2. upset

(A) to defeat someone easily

(B) to carry out the plan successfully

(C) to make someone angry

(D) to make yourself comfortable

_____ 3. underweight

(A) below the normal weight

(B) above the normal weight

(C) making heavy or heavier

(D) keeping ideal weight

_____ 4. dilemma

(A) a state of being more excellent or higher in rank

(B) a condition of being caused to feel ill at ease

(C) delay of choosing because of feeling unsure

(D) a situation in which one must choose between unpleasant options

_____ 5. uncover

  (A) to keep secret

  (B) to give notice of formally

  (C) to make a soft sound

  (D) to disclose or reveal

III. 請利用表格中的單字完成句子，並視需要做時態、人稱、單複數等變化。

underestimate	twin	undoubtedly	unify
uplift	uniform	upright	upgrade

1. They plan to promote high-tech products in order to _____ living quality and provide convenience for everyday life.

2. The _____ brothers look very much alike and enjoy many of the same things.

3. East Germany and West Germany _____ in 1990.

4. Peter is morally _____. He runs his business honestly and fairly.

5. Ronaldo is _____ one of the world's greatest athletes.

6. The professional competitive player was advised not to _____ his opponent.

7. A school _____ makes it easier for us to recognize our students.

8. These motivational quotes _____ my spirits every day.

字尾
Suffixes

字尾是加在字或字根 (即字的基底結構) 結尾的一組字母，用來組成一個新的單字。例如：reason 「道理」 + **able** = reasonable「講道理的」。

SUFFIX 1

-able

▶ having the quality of, capable of being, inclined to

-ible

字尾 "-able" 和 "-ible" 表示「具有某種性質」、「有能力成為⋯」或「傾向於⋯」。通常用在名詞、動詞或字根後以形成形容詞。

acceptable	**predict**able
形 可接受的	形 可預測的
changeable	**read**able
形 易變的	形 (文字等) 清楚好讀的
comfortable	**suit**able
形 舒適的	形 合適的，適當的
comparable	**understand**able
形 可以比擬的	形 可以理解的
fashionable	**wash**able
形 時尚的	形 可以洗的
noticeable	**compat**ible
形 明顯的；引人注意的	形 可相容的

credible

形　可信的

flexibie

形　可彎曲的；有彈性的

horrible

形　恐怖的

visible

形　能見的

EXTRA 補充

如果字根是完整的，加上 "-able"；
如果字根是不完整的，則加上
"-ible"。例外的情形如 digestible、
inevitable 等。

2 SUFFIX

-acy ▶ condition, state

字尾 "-acy" 用來形成名詞，表示「狀況」或「狀態」。

accuracy

名 準確
↳形 accurate

adequacy

名 充足；適當
↳形 adequate

advocacy

名 倡導；支持
↳動 advocate
↳名 advocate

conspiracy

名 陰謀；密謀

delicacy

名 纖細；優美；珍饈
↳形 delicate

democracy

名 民主
↳形 democratic

diplomacy

名 外交
↳形 diplomatic

literacy

名 識字
↳形 literate

lunacy

名 瘋狂
↳形 lunatic

obstinacy

名 固執
↳形 obstinate

pharmacy

名 藥學；藥房

piracy

名 海盜行為
　↳ 名 **pirate**

privacy

名 隱私
　↳ 形 **private**

technocracy

名 技術官僚主義

3 SUFFIX

-age

▶ condition, action, cost, place

字尾 "-age" 用來形成名詞，表示「狀態」、「動作」、「費用」或「場所」之意。

bandage 名 繃帶	**herit**age 名 (繼承的) 財產；遺產
cottage 名 小屋	**marri**age 名 婚姻
courage 名 勇氣	**orphan**age 名 孤兒院
damage 名 損害	**percent**age 名 百分比 ＊ per (每個) + cent (百) + age = **percentage**
dosage 名 (藥物的) 劑量，用量	
footage 名 影片片段；面積	**post**age 名 郵資

shortage

名 短缺

＊ short (不足夠) + age = **shortage**

storage

名 儲藏

teenage

名 青少年時期

＊ teen (13 到 19 歲) + age = **teenage**

usage

名 用法；使用

village

名 村莊

＊ villa (鄉間小屋) + (a)ge = **village**

4 SUFFIX

-al

▶ relating to, concerning
▶ action, result, process

1. 字尾 "-al" 表示「與⋯有關」或「關於」。通常加在名詞後形成形容詞。

additional

形 附加的
↳ 名 addition

original

形 最初的
↳ 名 origin

continental

形 大陸 (性) 的
↳ 名 continent

personal

形 個人的；私人的
↳ 名 person

conventional

形 傳統的；依慣例的
↳ 名 convention

professional

形 職業的
↳ 名 profession

medical

形 醫學的
↳ 名 medicine

recreational

形 娛樂的
↳ 名 recreation

natural

形 自然的
↳ 名 nature

vital

形 生命的；致命的；非常重要的

2. 字尾 "**-al**" 通常用在動詞後以形成名詞，表示「動作」、「結果」
或「某事的過程」。

approval	**remov**al
名 贊成	名 移除

arrival	**retriev**al
名 抵達	名 取回

denial	**surviv**al
名 否認	名 生存

proposal	**withdraw**al
名 提議	名 取消；提款

5 SUFFIX **-ance**

▶ action, state, quality
▶ forming nouns

1. 字尾 "-ance" 表示「做某事或成為某物的動作、狀態或性質」。
通常加在特定的動詞後以形成名詞。

acceptance 名 接受	**disturb**ance 名 擾亂;(公眾的) 動亂
acquaintance 名 認識的人,(交情不深的) 熟人	**endur**ance 名 忍耐
allowance 名 零用錢	**entr**ance 名 入口
appearance 名 外表	**guid**ance 名 引導
assistance 名 協助,援助	**inherit**ance 名 繼承;遺產
circumstance 名 情況	**insur**ance 名 保險

maintenance	perseverance
名 維持	名 毅力

performance	resemblance
名 表演	名 相似，類似

---

2. 字尾 "**-ance**" 可以用來將以 "**-ant**" 結尾的形容詞轉變為名詞。

arrogance	reluctance
名 傲慢 ↳ 形 arrogant	名 不情願 ↳ 形 reluctant

dominance	significance
名 支配 ↳ 形 dominant	名 重要性 ↳ 形 significant

extravagance	tolerance
名 奢侈 ↳ 形 extravagant	名 寬容 ↳ 形 tolerant

importance	**EXTRA 補充**
名 重要 ↳ 形 important	字尾 "-ancy" 同樣可以用來將以 "-ant" 結尾的形容詞轉變為名詞。 ① hesitancy 名 猶豫 ② pregnancy 名 懷孕 ③ vacancy 名 空缺

📝 Exercise 1 (Unit 1–5)

I. 請將下列單字轉換成名詞。

1. store (v.) _____
2. dominant (adj.) _____
3. remove (v.) _____
4. literate (adj.) _____
5. private (adj.) _____
6. retrieve (v.) _____
7. endure (v.) _____
8. advocate (v.) _____
9. enter (v.) _____
10. maintain (v.) _____

II. 請將下列單字轉換成形容詞。

1. convention (n.) _____
2. nature (n.) _____
3. fashion (n.) _____
4. responsibility (n.) _____
5. continent (n.) _____
6. accept (v.) _____
7. predict (n.) _____
8. comfort (n.) _____
9. origin (n.) _____
10. addition (n.) _____

III. 請將括號中的單字做適當的詞性變化 (名詞或形容詞)，填入空格中。

1. The reporter contacted Lily for an official confirmation or _____ (deny) of the rumor.

2. Yogurt is more _____ (digest) than milk.

3. Don't be deceived by Kevin's _____ (appear).

4. The machine was broken after long _____ (use).

5. Light bulbs are a source of _____ (vision) light waves.

6. These websites help us find out job _____ (vacant).

7. John thinks there are no books written now for children _____ (compare) with those of thirty years ago.

8. Maria made a _____ (withdraw) of 2,000 NT dollars from her savings account.

9. Haggis is considered as a traditional Scottish _____ (delicate).

10. The _____ (post) for this mail is 20 dollars.

IV. 請利用表格中的單字完成句子，並視需要做時態、人稱、單複數等變化。

accuracy	horrible	reluctance	marriage	allowance
perseverance	approval	recreational	percentage	vital

1. What is the _____ of Koreans with Internet access?

2. It is _____ to maintain what we have already achieved.

3. The baby was thrown into boiling water. What a(n) _____ sight!

4. Farmers cast no doubt over the _____ of the weather forecast.

5. Julia showed her _____ to talk openly about the problem.

6. My mom believes the secret to a happy _____ is to respect each other at any time.

7. Ted lacked the _____ to continue his journey till the destination.

8. After three hours' discussion, Tom finally nodded in _____.

9. David spent all his _____ on comic books.

10. These children enjoyed a wide variety of _____ activities during the weekend.

6 **SUFFIX** | **-ant** | ▶ person, thing
▶ forming adjectives

1. 字尾 "-ant" 通常被加在動詞後方，以形成用來指稱人或事物的名詞。

accountant 名 會計	**depress**ant 名 鎮定劑
assistant 名 助理	**emigr**ant 名 (移出的) 移民
combatant 名 戰士；參戰國	**immigr**ant 名 (移入的) 移民
consultant 名 顧問	**inform**ant 名 提供資訊/消息的人
contestant 名 競賽者	**inhabit**ant 名 居民
defendant 名 被告	**occup**ant 名 (場所的) 占用者，居住者

participant

名 參與者

servant

名 佣人

pollutant

名 汙染物

stimulant

名 興奮劑；刺激性物質

---

2. 字尾 "**-ant**" 被用來形成形容詞，有時候由動詞變化而來。

abundant

形 豐富的

ignorant

形 無知的

brilliant

形 燦爛的

radiant

形 光亮的
  ↳ 動 radiate

defendant

形 辯護的
  ↳ 動 defend

resistant

形 抵抗的
  ↳ 動 resist

dominant

形 有優勢的

triumphant

形 勝利的

7 SUFFIX **-ar** ▶ of, relating to, of the nature of ▶ person

1. 字尾 "-ar" 表示「與某物相關的」或「具有…性質的」。通常加在名詞後形成形容詞。

cellular	**modular**
形 細胞的 ↳名 cell	形 (家具等) 組合式的 ↳名 model
circular	**muscular**
形 圓形的 ↳名 circle	形 肌肉的 ↳名 muscle
curricular	**nuclear**
形 課程的 ↳名 curriculum	形 核子的 ↳名 nucleus
linear	**polar**
形 直線的 ↳名 line	形 北極的，南極的 ↳名 Pole
lunar	**popular**
形 月亮的 ↳名 moon	形 普遍的 ↳名 people

similar	**solar**
形 相似的	形 太陽的
	↳ 名 **sun**
singular	
形 單數的	**spectacular**
↳ 名 **single**	形 壯觀的
	↳ 名 **spectacle**

2. 字尾 "**-ar**" 被用來形成指稱人的名詞。

beggar	**liar**
名 乞丐	名 說謊者
↳ 動 **beg**	↳ 動 **lie**
burglar	**scholar**
名 竊賊	名 學者
↳ 動 **burgle**	↳ 名 **school**

8 SUFFIX | **-ary** | ▶ belonging to, connected with
▶ place, person, thing

1. 字尾 "**-ary**" 通常被加在名詞後以形成形容詞，用來表示 「屬於⋯」或「與⋯有關聯的」。

complimentary

形 讚美的
↳名 compliment

momentary

形 片刻的
↳名 moment

customary

形 習慣上的
↳名 custom

planetary

形 行星的
↳名 planet

elementary

形 基本的
↳名 element

revolutionary

形 革命性的
↳名 revolution

honorary

形 (學位) 名譽上的
↳名 honor

secondary

形 第二的
↳形 second
↳名 second

imaginary

形 想像中的；假想的

temporary

形 暫時的

124

visionary	voluntary
形 有遠見的 ↳名 **vision**	形 自願的

---

2. 字尾 "**-ary**" 被用來形成名詞，指與某事物有關聯的場所、人或事物。

anniversary	missionary
名 週年紀念日	名 傳教士

dictionary	secretary
名 字典	名 祕書

glossary	summary
名 字彙表	名 摘要

itinerary
名 旅程路線

library
名 圖書館

EXTRA 補充

"anniversary" 和 "missionary" 也可以當作形容詞。

例 Father Brown was sent to India to do **missionary** work.
Brown 神父被派往印度進行傳教工作。

9 SUFFIX

-ate

▶ having or showing a particular quality
▶ forming verbs

1. 字尾 "-ate" 常被加在動詞和名詞後以形成形容詞，表示「具有或表現出特定的性質」。

---

affectionate

形 關愛的
    ↳ 名 affection

---

compassionate

形 有同情心的
    ↳ 名 compassion

---

considerate

形 體貼的
    ↳ 動 consider

---

delicate

形 精巧的；細緻的
    ↳ 名 delicacy

---

fortunate

形 幸運的
    ↳ 名 fortune

Italianate

形 義大利風格的
    ↳ 名 Italian
    ↳ 形 Italian

---

obstinate

形 頑固的
    ↳ 名 obstinacy

---

passionate

形 熱情的
    ↳ 名 passion

2. 字尾 "**-ate**" 用來形成動詞。

associate 動 聯想	**demonstr**ate 動 證明
calculate 動 計算	**fascin**ate 動 使迷住
concentrate 動 專心	**gradu**ate 動 畢業
contemplate 動 沈思	**origin**ate 動 開始；首創
decorate 動 裝飾	**separ**ate 動 分離

10 SUFFIX

-ation

▶ act, condition, result

字尾 "-ation" 通常被加在動詞後，以形成用來指稱行為、狀態或結果的名詞。

---

adoration

名 崇拜；敬愛
↳ 動 adore

expectation

名 預期
↳ 動 expect

---

affirmation

名 斷言；肯定
↳ 動 affirm

formation

名 形成
↳ 動 form

---

citation

名 引文
↳ 動 cite

foundation

名 基礎
↳ 動 found

---

consideration

名 考慮
↳ 動 consider

graduation

名 畢業
↳ 動 graduate

---

examination

名 考試
↳ 動 examine

imagination

名 想像
↳ 動 imagine

---

inspiration

名　靈感；激勵
　↳ 動　**inspire**

interpretation

名　口譯；詮釋
　↳ 動　**interpret**

invitation

名　邀請
　↳ 動　**invite**

motivation

名　動機
　↳ 動　**motivate**

observation

名　觀察
　↳ 動　**observe**

preparation

名　準備
　↳ 動　**prepare**

relaxation

名　放鬆
　↳ 動　**relax**

stimulation

名　刺激
　↳ 動　**stimulate**

📝 Exercise 2 (Unit 6–10)

I. 請將下列單字轉換成形容詞。

1. resist (v.) _____

2. radiate (v.) _____

3. defend (v.) _____

4. affection (n.) _____

5. circle (n.) _____

6. fortune (n.) _____

7. Pole (n.) _____

8. volunteer (v. n.) _____

9. triumph (n.) _____

10. passion (n.) _____

II. 請將括號中的單字做適當的詞性變化 (名詞或形容詞)，填入空格中。

1. The little boy drew the picture with great _____ (imagine).

2. There is no _____ (expect) of privacy if you are captured by the media.

3. The language course sometimes requires variety and _____ (stimulate).

4. The girl asked, "Are angels real or _____ (imagine)?"

5. Most water _____ (pollute) are carried by rivers into the ocean.

6. The island is blessed with _____ (abundance) natural resources.

7. Mr. Wilson was awarded an _____ (honor) doctorate degree in urban design.

8. It is _____ (custom) to give flowers on Mother's Day.

9. Schools play an important role in the _____ (form) of children's character.

10. My daughter cannot resist the _____ (tempt) of chocolate.

III. 請利用表格中的單字完成句子，並視需要做時態、人稱、單複數等變化。

obstinate	concentrate	considerate	consideration
circumstance	anniversary	muscular	contemplate

1. What should I take into _____ when deciding between the two sports?

2. It's difficult to change the mind of the _____ old man.

3. Mr. and Mrs. Fisher will celebrate their 30th wedding _____ next Saturday.

4. My daughter is very _____, always willing to help around the house.

5. Let your son _____ what his life will be without you at his side.

6. The bodybuilder showed his powerful _____ arms when he did pushups.

7. Under no _____ will I attend the party.

8. I can't _____ on what I am doing with the noise going on.

-ative

▶ tending to, relating to

字尾 "**-ative**" 表示「有…的傾向」或「與…有關」。用來加在動詞後以形成形容詞。

administrative

形 行政管理的
↳ 動 administrate

affirmative

形 肯定的
↳ 動 affirm

alternative

形 替代的；供選擇的
↳ 動 alternate

appreciative

形 感激的
↳ 動 appreciate

communicative

形 溝通的
↳ 動 communicate

comparative

形 比較的
↳ 動 compare

declarative

形 陳述的
↳ 動 declare

formative

形 形成的；有助於形成的
↳ 動 form

imaginative

形 有想像力的；虛構幻想的
↳ 動 imagine

例 We need to produce something **imaginative**.
我們需要產生一些富有想像力的東西。

informative

形 提供知識/消息的

↳動 inform

例 *Time* is an objective and **informative** magazine.
《時代》是一本客觀且提供知識的雜誌。

initiative

形 初始的

↳動 initiate

narrative

形 敘事的

↳動 narrate

representative

形 有代表性的

↳動 represent

restorative

形 復原的

↳動 restore

talkative

形 愛說話的

↳動 talk

12 SUFFIX -ed

▶ having/full of the characteristics of
▶ forming adjectives

1. 字尾 "-ed" 用來加在某些名詞後形成形容詞，表示「具有或充滿…的特徵」。

---

aged

形　年老的
　↳名　age

---

bad-tempered

形　壞脾氣的

---

bloodstained

形　沾血的
　↳名　bloodstain

---

colored

形　有顏色的
　↳名　color

---

dark-complexioned

形　深膚色的

---

diseased

形　患病的
　↳名　disease

---

gifted

形　有天賦的
　↳名　gift

---

kind-hearted

形　善心的

---

quick-witted

形　才思敏捷的

---

talented

形　有天賦的
　↳名　talent

---

2. 字尾 "**-ed**" 用來加在某些動詞後以形成形容詞。

condensed

形 濃縮的
 ↳ 動 condense

confused

形 困惑的
 ↳ 動 confuse

contented

形 滿足的
 ↳ 動 content
 ↳ 名 content

determined

形 下定決心的
 ↳ 動 determine

disappointed

形 失望的
 ↳ 動 disappoint

exhausted

形 耗盡的
 ↳ 動 exhaust

fixed

形 固定的
 ↳ 動 fix

retired

形 退休的
 ↳ 動 retire

(13) SUFFIX

-ee

▶ person who receives or performs an action

字尾 "-ee" 用來形成名詞，指稱接受或執行動作的人。

appointee

名 被任命者

attendee

名 出席者

employee

名 受雇者

↔ **employer** 名 雇主

escapee

名 逃脫者

examinee

名 應試者

↔ **examiner** 名 監考人

interviewee

名 受訪者

↔ **interviewer** 名 訪問採訪者

payee

名 受款人

↔ **payer** 名 付款人

refugee

名 難民

trainee

名 受訓者

EXTRA 補充

字尾 "-eer" 同樣可以被用來形成跟人相關的名詞。

① auctioneer 名 拍賣商
② engineer 名 工程師
③ mountaineer 名 登山者
④ pioneer 名 拓荒者
⑤ volunteer 名 志工

-en

▶ cause to be, become
▶ cause to have
▶ made of

1. 字尾 "**-en**" 表示「使…」或「成為」。用來加在形容詞後以形成動詞。

brighten 動　使明亮	**loos**en 動　鬆開
broaden 動　加寬	**moist**en 動　弄濕
darken 動　使黑暗	**quick**en 動　使加快；促進
fasten 動　扣住	**sharp**en 動　削尖
flatten 動　使變平	**short**en 動　縮短
harden 動　使變硬	**soft**en 動　使柔軟

| **sweeten** | **tighten** |
| 動　變甜 | 動　使變緊 |

| **thicken** | **weaken** |
| 動　使變厚；使變濃 | 動　減弱，削弱 |

---

2. 字尾 "**-en**" 表示「使擁有；使具有」。用來加在名詞後方以形成動詞。

| **frighten** | **lengthen** |
| 動　驚嚇 | 動　加長 |

| **heighten** | **threaten** |
| 動　變高 | 動　威脅 |

---

3. 字尾 "**-en**" 表示「以⋯製成」。用來加在名詞後以形成形容詞。

| **earthen** | **wooden** |
| 形　泥土製的 | 形　木頭的 |

| **golden** | **woolen** |
| 形　金色的 | 形　羊毛的 |

| **silken** | |
| 形　光滑的 | |

15
SUFFIX

-ence

▶ state, result, action
▶ forming nouns

-ency

1. 字尾 "**-ence**" 和 "**-ency**" 用來形成名詞，表示「狀態」、「結果」或「動作」。

audience	**evid**ence
名 聽取；聽眾	名 證據

coincidence	**influ**ence
名 巧合	名 影響

conference	**interfer**ence
名 會議	名 妨礙

essence	**tend**ency
名 要素	名 傾向

2. 字尾 "**-ence**" 可以用來將某些以 "**-ent**" 結尾的形容詞轉變為名詞。

competence	**confid**ence
名 能力	名 信心

difference

名 不同

innocence

名 無罪

independence

名 獨立

magnificence

名 壯麗；輝煌

---

3. 字尾 "-ency" 同樣可以用來將某些以 "-ent" 結尾的形容詞轉變為名詞。

decency

名 體面；高雅
↳形 decent

frequency

名 頻繁
↳形 frequent

efficiency

名 效率
↳形 efficient

sufficiency

名 足夠；充足
↳形 sufficient

emergency

名 緊急狀況
↳形 emergent

urgency

名 迫切
↳形 urgent

fluency

名 流利
↳形 fluent

📝 Exercise 3 (Unit 11–15)

I. 請將左欄的字尾與右欄的字義或功能做配對。

_____ 1. -ence/-ency (decency)

_____ 2. -ative (informative)

_____ 3. -en (lengthen)

_____ 4. -ee (trainee)

_____ 5. -ed (diseased)

(A) adding to a noun to form a verb

(B) indicating a person who receives or performs an action

(C) meaning relating to or tending to

(D) adding to a noun or a verb to form an adjective

(E) forming a noun from an adjective ending with -ent

II. 請將下列單字轉換成形容詞。

1. talk (v.) _____

2. gift (n.) _____

3. condense (v.) _____

4. affirm (v.) _____

5. represent (v.) _____

III. 請將下列單字轉換成名詞。

1. coincide (v.) _____

2. frequent (adj.) _____

3. urgent (adj.) _____

4. magnificent (adj.) _____

5. evident (adj.) _____

IV. 請將括號中的單字做適當的詞性變化，填入空格中。

1. Helen can speak and write French with great _____ (fluent).

2. We can assume from William's attitude that his heart has _____ (hard).

3. The action may _____ (height) dispute between both sides.

4. Most _____ (wool) blankets can be machine washed and dried.

5. I hope I can feel free to choose without any _____ (interfere).

6. Ms. Chang is _____ (quick-wit); she can respond to any situation without having to pause for thinking.

7. The story appeals to young readers because of its _____ (imagine) plot.

8. The non-profit organization is seeking _____ (retire) teachers to volunteer their time for the courses.

9. An _____ (employ) is a person hired to do a specific job for wages or salary.

10. George was _____ (exhaust) after that marathon.

11. Mr. Boyle was _____ (threat) with a lifetime in jail.

12. This is an _____ (inform) film about health insurance in the U.S.

13. You have a _____ (tend) to get addicted to TV series.

14. The _____ (content) person enjoys his simple way of life.

15. It's not easy to please a _____ (bad-temper) person like Robert.

16 SUFFIX

-ent

▶ person, thing
▶ forming adjectives

1. 字尾 "-ent" 通常加在動詞後，以形成用來指稱人或事物的名詞。

absorbent	**deterg**ent
名 吸收劑	名 清潔劑
↳ 動 absorb	↳ 動 deterge
correspondent	**resid**ent
名 通訊記者；特派員	名 居民
↳ 動 correspond	↳ 動 reside

2. 字尾 "-ent" 也可用來形成形容詞。

coherent	**depend**ent
形 連貫的	形 依賴的
↳ 名 coherence	↳ 動 depend
competent	**dilig**ent
形 有能力的	形 勤奮的
↳ 名 competence	↳ 名 diligence

eloquent

形 雄辯的
↳ 名 eloquence

excellent

形 優秀的
↳ 動 excel

existent

形 現存的
↳ 名 exist

insistent

形 堅持的
↳ 動 insist

silent

形 安靜的
↳ 名 silence

| -er | ▶ person ,thing
▶ person connected with or belonging to something |

1. 字尾 "-er" 通常加在動詞後，以形成用來指稱人或事物的名詞。

| boiler | producer |
| 名 鍋爐 | 名 生產者；製作人 |

| commander | interpreter |
| 名 指揮官 | 名 口譯員 |

| cooker | leader |
| 名 烹調器具 | 名 領導人 |

| fertilizer | lecturer |
| 名 肥料 | 名 演講者 |

| heater | performer |
| 名 暖氣設備 | 名 演出者 |

| manufacturer | reporter |
| 名 製造業者，製造商 | 名 記者 |

2. 字尾 "**-er**" 通常被加在名詞後以形成名詞，用來指稱「與某事物相關」或「屬於某地點的人」。

astronomer

名 天文學家

banker

名 銀行家

gardener

名 園丁

philosopher

名 哲學家

prisoner

名 囚犯

EXTRA 補充

1.

字尾 "**-or**" 同樣被用來形成指稱人或事物的名詞。

① actor 名 (男) 演員
② creator 名 創造者
③ educator 名 教育家；教師
④ inventor 名 發明家
⑤ reflector 名 反射器
⑥ visitor 名 訪客

2.

字尾 "**-ess**" 則是用來形成指稱女人或雌性動物的名詞。

① actress 名 女演員
② hostess 名 女主人或主持人
③ princess 名 公主；王妃
④ tigress 名 母老虎
⑤ waitress 名 女服務生

18 SUFFIX

-ery ▶ place, activity, state, collection

-ry

1. 字尾 "**-ery**" 通常用來形成名詞，以表示「地點」、「活動」、「狀態」或「集合」。

bakery 名 烘焙店	**myst**ery 名 神祕；神祕的事物
bravery 名 勇敢	**nurs**ery 名 育兒室
brewery 名 (啤酒等的) 釀酒廠	**robb**ery 名 搶劫
bribery 名 賄賂	**slav**ery 名 奴隸制度或身分
machinery 名 機械【集合稱】	**station**ery 名 文具【集合稱】
misery 名 痛苦；不幸	**thiev**ery 名 偷竊，竊盜

2. 字尾 "-ery" 也有 "-ry" 的形式。

jewelry	**rival**ry
名　珠寶【集合稱】	名　競爭
laundry	**sala**ry
名　洗衣店	名　薪資
luxury	**treasu**ry
名　奢侈	名　基金；國庫

19 SUFFIX

-ful

▶ full of, having the tendency to
▶ amount that fills something

1. 字尾 "-ful" 表示「充滿」或「有…的傾向」。用來加在名詞或動詞後以形成形容詞。

---

careful

形 細心的
↳ 動 care

delightful

形 令人愉快的
↳ 名 delight

forgetful

形 健忘的
↳ 動 forget

helpful

形 有幫助的
↳ 名 help

meaningful

形 有意義的
↳ 名 meaning

powerful

形 強而有力的
↳ 名 power

respectful

形 尊敬人的
↳ 動 respect

skillful

形 技巧熟練的
↳ 名 skill

successful

形 成功的
↳ 名 success

thoughtful

形 沈思的；為人設想的
↳ 名 thought

2. 字尾 "**-ful**" 表示「充滿某物的量」，用來加在名詞後以形成另一個名詞。

cupful	**mouth**ful
名 一杯之量	名 一口的量
↳名 cup	↳名 mouth

handful	**room**ful
名 一把的量	名 一房間的量
↳名 hand	↳名 room

houseful	**spoon**ful
名 一屋子的量	名 一匙的量
↳名 house	↳名 spoon

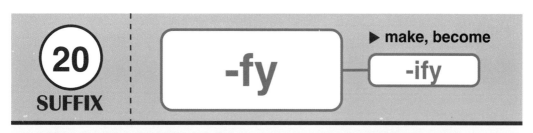

字尾 "**-fy**" 和 "**-ify**" 表示「使」或「成為」，可以用來形成動詞。

beautify 動　使美麗	**intens**ify 動　增強；加劇
clarify 動　使 (問題等) 清楚明朗	**just**ify 動　證明…為正當
classify 動　將…分類	**person**ify 動　擬人化
dignify 動　使…受重視	**pur**ify 動　淨化
diversify 動　使多樣化	**qual**ify 動　使具有資格
glorify 動　美化	**satis**fy 動　使滿意
identify 動　確認；認同	**sign**ify 動　(動作) 表明；(記號) 意味

simplify

動　簡化

specify

動　詳細地記載或敘述

terrify

動　使害怕；威脅，恐嚇

EXTRA 補充

字尾 "-fication" 與 "-fy" 或 "-ify" 結尾的動詞一起形成名詞。

① beautification　名　使美麗
② classification　名　分類
③ glorification　名　美化
④ identification　名　確認
⑤ justification　名　證明為正當
⑥ qualification　名　使具有資格
⑦ satisfaction　名　使滿意
⑧ simplification　名　簡化

📝 Exercise 4 (Unit 16–20)

I. 請將左欄的字尾與右欄的字義或功能做配對。

_____ 1. -ful (joyful)   (A) forming an adjective from a verb

_____ 2. -fy (beautify)   (B) indicating a person

_____ 3. -er (commander)   (C) indicating a place

_____ 4. -ent (excellent)   (D) forming verbs with the meaning "to become"

_____ 5. -ery/-ry (laundry)   (E) forming adjectives with the meaning "full of"

II. 請將單字 1–5 轉換成形容詞，單字 6–10 轉換成名詞。

1. exist (v.) _____   2. depend (v.) _____

3. meaning (n.) _____   4. power (n.) _____

5. insist (v.) _____   6. brave (adj.) _____

7. glorify (v.) _____   8. rob (v.) _____

9. eloquent (adj.) _____   10. satisfy (v.) _____

III. 請將括號中的單字做適當的詞性變化，填入空格中。

1. They decided to _____ (simple) the procedure for obtaining loans.

2. The _____ (identify) of the victim was achieved by using dental records.

3. Each year millions of _____ (visit) admire the celebrity wax figures at the museum.

4. I need a _____ (thought) gift for my mother's birthday.

5. I'm going to run a _____ (bake) coffee shop.

6. They worked with _____ (diligent) to create a better future.

7. Joyce is far more _____ (insist) on that point than we think.

8. Andy is not _____ (compete) to perform the difficult task.

9. Sprinkle a _____ (hand) of flour on the dough.

10. I find the family members to be _____ (respect) of each other's opinions.

IV. 請利用表格中的單字完成句子，並視需要做時態、人稱、單複數等變化。

resident	detergent	producer	mystery	luxury
salary	delightful	classify	dignify	forgetful

1. My grandmother doesn't have a good memory any more. She is getting
   _____.

2. Is it possible for them to solve this UFO _____?

3. It is impossible to live in _____ on a limited budget.

4. The manager earns a _____ of $2,000 per month in America.

5. The presence of the high-ranking government official will _____ the
   conference.

6. What _____ did you use to clean the carpet?

7. An elderly _____ of Taipei was reported to be robbed of her jewels.

8. Steven Spielberg is considered to be one of the greatest film directors and
   _____.

9. These goods can be _____ into five categories.

10. Bali, beyond doubt, is a _____ place where visitors can really relax.

-holic ► person addicted to something

"**-holic**" 是一個新的字尾，從 "**alcoholic**"「酗酒者；嗜酒者」而來。現在被用來形成名詞，以表示「對某事物著迷、上癮的人」。

alcoholic

名　酗酒者

chocoholic

名　嗜食巧克力者【亦作 chocaholic】

cyberholic

名　沈溺網路世界的人

foodaholic

名　吃東西無節制的人

shopaholic

名　購物狂

workaholic

名　工作狂

EXTRA 補充

你可以為自己造新的單字。例如，如果你哥哥喝很多咖啡，你可以叫他 coffeeholic；如果他看了很多電影，可以叫他 movieholic。其他的例子：

① blogaholic
   名　對經營部落格十分著迷的人
② Googleholic
   名　極度依賴使用 Google 的人
③ iPhoneholic
   名　對 iPhone 著迷的人
④ wikiholic
   名　積極編輯維基百科的人

22 SUFFIX

-hood

▶ state, period

字尾 "-hood" 用來加在名詞或形容詞後以形成名詞，表示「成為某特定事物的狀態」或「某人生命中的一個時期」。

adulthood 名 成年期	**god**hood 名 神格，神性
babyhood 名 嬰兒時期	**king**hood 名 國王身分
brotherhood 名 手足之情	**knight**hood 名 騎士身分
childhood 名 童年	**likeli**hood 名 可能性
falsehood 名 虛假	**liveli**hood 名 生計
fatherhood 名 父親的身分	**man**hood 名 (男性) 成年期

motherhood

名 母親的身分

puppyhood

名 幼犬時期

neighborhood

名 鄰近地區

womanhood

名 (女性) 成年期

parenthood

名 父母身分

23

SUFFIX

-ial

▶ relating to

字尾 "-ial" 用來加在名詞後以形成形容詞，表示「與…有關」。

beneficial

形 有益處的

＊ bene (很好地) + fic (做) + ial = **beneficial**

commercial

形 商業的

＊ com (一起) + merc (交易) + ial = **commercial**

controversial

形 引起爭論的

＊ contra (反對) + vert (轉動) + ial = **controversial**

editorial

形 編輯上的

financial

形 財務的

industrial

形 工業的

memorial

形 紀念的

official

形 官方的

partial

形 部分的

presidential

形 總統的

racial

形 種族的

residential

形 住宅的

-ian

▶ person doing a certain job or skilled in a certain area
▶ forming nouns or adjectives

1. 字尾 "-ian" 用來形成名詞，以表示「做某種工作的人」或「擅長某個領域的人」。

barbarian 名 野蠻人	**librar**ian 名 圖書館員
civilian 名 平民	**magic**ian 名 魔術師
comedian 名 喜劇演員	**mathematic**ian 名 數學家
grammarian 名 文法學家	**music**ian 名 音樂家
historian 名 歷史學家	**pedestr**ian 名 行人
humanitarian 名 人道主義者	**physic**ian 名 內科醫生

politician	tragedian
名 政客	名 悲劇演員

statistician	vegetarian
名 統計學家	名 素食者

2. 字尾 "**-ian**" 有時用來加在地名之後，以形成名詞或形容詞。

Arabian	Brazilian
名 阿拉伯人 形 阿拉伯的	名 巴西人 形 巴西的

Argentinian	Canadian
名 阿根廷人 形 阿根廷的	名 加拿大人 形 加拿大的

Australian	Egyptian
名 澳洲人 形 澳洲的	名 埃及人 形 埃及的

Bostonian	Hawaiian
名 波士頓人 形 波士頓的	名 夏威夷人 形 夏威夷的

Hungarian

名 匈牙利人
形 匈牙利的

Parisian

名 巴黎人
形 巴黎的

Italian

名 義大利人
形 義大利的

Russian

名 俄國人
形 俄國的

Miamian

名 邁阿密人
形 邁阿密的

25 SUFFIX

-ic

▶ of, related to
▶ forming nouns

1. 字尾 "-ic" 表示「特定事物的」或「與特定事物相關」，可用來形成形容詞。

academic	**economic**
形 學術的	形 經濟的
allergic	**exotic**
形 過敏的	形 異國的；奇異的
athletic	**historic**
形 運動的	形 有歷史意義的
atomic	**majestic**
形 原子的	形 雄偉的
basic	**organic**
形 基本的	形 器官的；有機的
domestic	**poetic**
形 家庭的；本國的	形 詩的

robotic	specific
形 機器人的	形 特定的

scenic	tragic
形 景色的	形 悲劇的

---

2. 字尾 "**-ic**" 用來形成名詞，指「被特定事物影響的人或事物」，或是形成與「藝術或科學」相關的名詞。

arithmetic	mechanic
名 算數	名 機械工

critic	music
名 評論者	名 音樂

epidemic	rhetoric
名 流行病學	名 修辭學

logic
名 邏輯

magic
名 魔法；魔術

EXTRA 補充

字尾 "**-ics**" 被用來形成表示「研究領域」的名詞。

① economics　名 經濟學
② electronics　名 電子學
③ genetics　名 遺傳學
④ mathematics　名 數學
⑤ physics　名 物理學
⑥ politics　名 政治學

📝 Exercise 5 (Unit 21–25)

I. 請將左欄的字尾與右欄的字義或功能做配對。

_____ 1. -holic (workaholic)   (A) a person who does a certain job

_____ 2. -hood (adulthood)   (B) an area of work or study

_____ 3. -ial (editorial)   (C) a person addicted to something

_____ 4. -ian (magician)   (D) a state, a period

_____ 5. -ics (genetics)   (E) forming adjectives

II. 請將下列單字轉換成形容詞。

1. race (n.)   _____

2. part (n.)   _____

3. athlete (n.)   _____

4. scene (n.)   _____

5. tragedy (n.)   _____

6. industry (n.)   _____

7. commerce (n.)   _____

8. robot (n.)   _____

III. 請將括號中的單字做適當的詞性變化，填入空格中。

1. Who designed the _____ (memory) statue of the hero who sacrificed his life to save his friend's life?

2. Built in 1919, the _____ (President) Building has housed the offices of the president since 1949.

3. The tankers were driven into a major _____ (residence) area.

4. Nuclear energy is still a _____ (controversy) issue in Taiwan.

5. The hotel we stayed in for two nights is surrounded by _____ (majesty) mountain scenery.

6. The city government aims to restore the _____ (history) site.

7. It is predicted that there will be no _____ (economy) growth within two years.

IV. 請利用表格中的單字完成句子，並視需要做時態、人稱、單複數等變化。

critic	pedestrian	domestic	beneficial	likelihood
financial	physician	specific	alcoholic	exotic

1. There is a strong _____ of my son working in Shanghai.

2. Jimmy submitted a proposal for solving the firm's _____ crisis.

3. The new alcoholism research shows that more than half of the _____ are young adults.

4. The international trade is more costly than _____ trade.

5. What's your _____ goal in the long run for studying abroad?

6. The musical "A Love Story about Taipei and Shanghai" was highly praised by music _____.

7. The medicine you are taking is the same as that prescribed by my _____.

8. If you want to get a job, the course is practical and _____.

9. My favorite _____ food is Spanish paella.

10. Not only drivers but also _____ should obey traffic regulations.

-ical ▶ forming adjectives

字尾 "-ical" 為 "-ic" 的另一個形式，用來形成形容詞。

biological 形 生物的	**musical** 形 音樂的
botanical 形 植物學的	**mythological** 形 神話 (學) 的
chemical 形 化學的	**physical** 形 身體的
critical 形 批評的	**political** 形 政治的
logical 形 (合) 邏輯的	**practical** 形 實際的
mechanical 形 機械上的	**surgical** 形 外科的
medical 形 醫學的	**technical** 形 技術上的

theoretical	typical
形　理論 (上) 的	形　典型的

tropical	zoological
形　熱帶的	形　動物學的

EXTRA 補充

使用 "-ic" 和 "-ical" 字尾的單字，通常意思相近，像是 poetical/poetic (詩的)、theoretical/theoretic (理論的)、geographical/geographic (地理的)、ethnic/ethnical (民族的) 這幾對詞組。但下列這幾對，其中 "-ic" 和 "-ical" 結尾的單字則分別有不同的意思：

economic (經濟學的)　　→ economic theory (經濟學理論)
economical (節約的)　　→ economical price (經濟實惠的價格)
historic (歷史上有名的) → historic building (歷史性的建築)
historical (歷史上的)　　→ historical discovery (歷史上的發現)

(27) SUFFIX -ing

▶ act, process, material
▶ forming adjectives

1. 字尾 "-ing" 用來加在動詞後以形成名詞，表示「動作」、「過程」或「材料」。

accounting 名 會計	**misspelling** 名 拼字錯誤
baking 名 烘焙	**painting** 名 繪畫
banking 名 銀行業	**parking** 名 停車
brainwashing 名 洗腦	**programming** 名 程式設計；節目編排
clothing 名 衣物	**roofing** 名 蓋屋頂的材料
cycling 名 騎自行車	**shopping** 名 購物

skiing	**smok**ing
名 滑雪	名 抽菸，吸菸

sleepwalking	**understand**ing
名 夢遊	名 理解，明白

2. 字尾 "**-ing**" 可用來形成形容詞。

deafening	**heart-break**ing
形 震耳欲聾的	形 令人心碎的

developing	**interest**ing
形 開發中的	形 有趣的

ear-splitting	**shock**ing
形 震耳欲聾的	形 令人震驚的

embarrassing	**soak**ing
形 令人困窘的	形 濕淋淋的

energy-saving	**time-consum**ing
形 省力的	形 費時的

28 SUFFIX

-ious

▶ having the quality of

字尾 "-ious" 表示「具有某種特質」，可用來形成形容詞。

anxious 形 焦慮的	**glorious** 形 光榮的
auspicious 形 吉祥的，幸運的	**harmonious** 形 和諧的
cautious 形 謹慎的	**industrious** 形 勤勉的
curious 形 好奇的	**luxurious** 形 奢侈的
delicious 形 美味的，可口的	**mysterious** 形 神祕的
envious 形 羨慕的	**notorious** 形 惡名昭彰的
furious 形 憤怒的	**nutritious** 形 有營養的

rebellious

形　反叛的

religious

形　宗教的；虔誠的

spacious

形　寬廣的

superstitious

形　迷信的

vicious

形　惡意的

victorious

形　勝利的

29 SUFFIX

-ish

► like
► belonging to a nation or people
► forming adjectives
► forming verbs

1. 字尾 "-ish" 表示「像；和⋯一樣」。用來加在名詞後方以形成形容詞。

babyish 形 稚氣的	**fool**ish 形 愚蠢的
bookish 形 文謅謅的	**girl**ish 形 女孩子氣的
boyish 形 男孩子氣的	**nightmar**ish 形 惡夢般的，可怕的
childish 形 幼稚的	**self**ish 形 自私的
devilish 形 窮兇惡極的	**snobb**ish 形 勢利的；自命不凡的
feverish 形 亢奮的，狂熱的；發燒的	**styl**ish 形 時髦的

2. 字尾 "**-ish**" 表示「某 (國家或民族) 的」或「屬於某 (國家或民族) 的」。用來形成形容詞。

Danish	**Span**ish
形 丹麥 (人) 的	形 西班牙 (人) 的

Irish	**Swed**ish
形 愛爾蘭 (人) 的	形 瑞典 (人) 的

3. 字尾 "**-ish**" 表示「有點;稍微」。用來加在形容詞後以形成另一個形容詞。

reddish	**yellow**ish
形 帶紅色的	形 帶黃色的

tallish	**young**ish
形 稍高的	形 頗年輕的

4. 字尾 "**-ish**" 用來形成動詞。

astonish	**dimin**ish
動 使吃驚,使震驚	動 減少

cherish	**flour**ish
動 珍惜	動 繁榮;茂盛

furnish

動　供給或裝備

punish

動　處罰

nourish

動　滋養

vanish

動　消失

polish

動　磨光；擦亮

-ism

▶ belief, idea
▶ follower of a belief

-ist

字尾 "-ism" 用來形成名詞，經常表示「一個特定的信仰或思想」，而字尾 "-ist" 用來形成名詞，表示「信仰的追隨者」。

idealism/idealist

名　理想主義/理想主義者

materialism/materialist

名　物質主義/物質主義者

optimism/optimist

名　樂觀主義/樂觀主義者

pessimism/pessimist

名　悲觀主義/悲觀主義者

racism/racist

名　種族歧視/種族歧視者

socialism/socialist

名　社會主義/社會主義者

terrorism/terrorist

名　恐怖主義/恐怖分子

EXTRA 補充

1.
字尾 "-ism" 的其他字彙：

① heroism　　名　英雄氣概
② journalism　名　新聞業
③ mechanism　名　機械構造；組織
④ organism　　名　有機體

2.
字尾 "-ist" 也會被用來形成名詞，表示具備藝術或科學技能的人。

① artist　　名　藝術家
② chemist　名　化學家
③ dentist　名　牙科醫生
④ novelist　名　小說家
⑤ pianist　名　鋼琴演奏者

📝 Exercise 6 (Unit 26–30)

I. 請將左欄的字尾與右欄的字義或功能做配對。

_____ 1. -ical (surgical)

_____ 2. -ish (reddish)

_____ 3. -ious (curious)

_____ 4. -ist (socialist)

_____ 5. -ing (embarrassing)

(A) forming adjectives with the meaning "like or somewhat"

(B) forming a noun referring to the follower of a belief

(C) forming adjectives with the meaning "having the quality of"

(D) forming adjectives with the meaning "of or related to"

(E) forming adjectives from verbs

II. 請將下列名詞轉換成形容詞。

1. type (n.)　　_____

2. fury (n.)　　_____

3. fool (n.)　　_____

4. mystery (n.)　　_____

5. music (n.)　　_____

6. self (n.)　　_____

7. critic (n.)　　_____

8. vice (n.)　　_____

III. 請將括號中的單字做適當的詞性變化，填入空格中。

1. The boy was _____ (envy) when he knew his cousin bought a new iPad.

2. We felt _____ (shock) when we heard about the spreading of swine flu in Mexico.

3. I need a _____ (style) haircut that would fit my face.

4. The _____ (space) house is constructed in a very modern design.

5. Which team do you think will be _____ (victory) in the World Cup final?

6. What Mike did is legal but not _____ (logic).

7. Hank is an _____ (ideal). He believes with his own efforts he can break down the long-lasting prejudice.

8. The two main _____ (politics) parties agreed to give priority to the restoration of economy.

9. The food I need must be _____ (nutrition) and easy to digest.

10. The lightning flashed and the _____ (ear-split) thunder roared.

11. How can we make our cooling system quieter and more _____ (economy)?

12. We are looking forward to another _____ (glory) victory.

13. My father reads nothing but _____ (history) novels.

14. Our air conditioner sometimes made a _____ (deaf) noise.

15. Children under six receive free _____ (medicine) care in this city.

-itude

▶ state, quality, condition

SUFFIX

字尾 "**-itude**" 用來形成名詞，表示「狀態」、「性質」或「狀況」。

altitude

名　高度

＊　alt (高) + itude = **altitude**

aptitude

名　資質；才能

＊　apt (合適的) + itude = **aptitude**

attitude

名　態度

correctitude

名　行為端正

gratitude

名　感激

＊　grat (感激；討好) + itude = **gratitude**

ingratitude

名　忘恩負義

latitude

名　緯度

longitude

名　經度

magnitude

名　重大；(地震的) 震度

multitude

名　多數

plentitude

名　豐富；大量

solitude

名　孤獨

32 SUFFIX ╱ **-ity** ▶ state, quality, degree

字尾 "**-ity**" 可用來形成名詞，表示「狀態」、「性質」或「程度」。

capability 名 能力	**flexibility** 名 彈性
capacity 名 容納量；能力	**generosity** 名 慷慨
complexity 名 複雜性	**hospitality** 名 殷勤好客
curiosity 名 好奇心	**morality** 名 道德
diversity 名 差異；多樣性	**originality** 名 原創性
equality 名 平等	**popularity** 名 普及
familiarity 名 熟悉	**possibility** 名 可能性

priority	stability
名 優先 (權)	名 穩定性

regularity	superiority
名 規律性	名 優越

similarity	tranquility
名 相似	名 平靜，安寧

33

SUFFIX

-ive

▶ tending to, having the quality of

字尾 "**-ive**" 表示「有…的傾向」或「具有…的特質」。用來形成形容詞。

---

active

形　主動的；活躍的

---

aggressive

形　積極進取的；有攻擊性的

---

authoritative

形　權威的，可信賴的；有威嚴的

---

conservative

形　保守的

---

creative

形　有創造力的

---

distinctive

形　特別的；有特色的

---

effective

形　有效的

---

expensive

形　昂貴的

---

impressive

形　印象深刻的

＊　im (在…上) + press (壓) + ive = **impressive**

---

impulsive

形　衝動的

---

inclusive

形　包含的

---

intensive

形　密集的

---

massive

形 宏偉的；大量的

offensive

形 冒犯的

preventive

形 預防的

＊ pre (在…之前) + vent (來到) + ive = **preventive**

productive

形 有生產力的

reflective

形 反射的；沈思的

＊ im (在…上) + press (壓) + ive = **impressive**

supportive

形 (給予) 支持的

-ization

▶ **process, result**

字尾 "**-ization**" 通常用在以 "**-ize**" 結尾的動詞，以形成表示 「過程」 或 「結果」 的名詞。

authorization 名 授權	**global**ization 名 全球化
civilization 名 文明	**ideal**ization 名 理想化
colonization 名 殖民化	**idol**ization 名 偶像化
commercialization 名 商業化	**industrial**ization 名 工業化
fertilization 名 施肥	**modern**ization 名 現代化
generalization 名 一般化	**organ**ization 名 組織

realization

名　領悟

socialization

名　社會化

standardization

名　標準化

urbanization

名　都市化

visualization

名　具象化

35 SUFFIX

-ize

▶ make, become

字尾 "-ize" 表示「使…」或「成為」。通常加在名詞或形容詞後以形成動詞。

apologize 動 道歉	**memor**ize 動 記住
criticize 動 批評	**mobil**ize 動 動員
emphasize 動 強調	**modern**ize 動 使現代化
familiarize 動 使熟悉	**organ**ize 動 組織；安排
generalize 動 概括；總結	**public**ize 動 為…宣傳
hospitalize 動 讓…住院	**real**ize 動 明瞭；實現

recognize

動 承認；認可

sympathize

動 同情

standardize

動 標準化

utilize

動 利用

symbolize

動 象徵

📝 Exercise 7 (Unit 31–35)

I. 請將左欄的單字與右欄的同義字做配對。

_____ 1. massive   (A) pity

_____ 2. gratitude   (B) vitalize

_____ 3. productive   (C) thankfulness

_____ 4. aggressive   (D) huge

_____ 5. energize   (E) abundance

_____ 6. multitude   (F) energetic and forceful

_____ 7. sympathize   (G) fruitful

II. 請將下列單字轉換成名詞。

1. similar (adj.)   _____

2. generalize (v.)   _____

3. prior (adj.)   _____

4. generous (adj.)   _____

5. industrialize (v.) _____

6. globalize (v.)   _____

III. 請將括號中的單字做適當的詞性變化，填入空格中。

1. Susan gave in to her _____ (curious) and opened the box I gave to Jim.

2. Do you have the _____ (capable) of calculating the risk?

3. Owing to lack of _____ (organize) skills, I failed to fulfill the task.

4. The principal hated to be openly _____ (criticism).

5. Why are white doves used to _____ (symbol) world peace?

6. It's difficult for me to _____ (memory) whatever the lecturer will say.

7. The TV station has managed to put up an _____ (impress) performance in October.

8. All of us are advised to take _____ (prevent) measures to ward off the new swine flu virus.

9. Dr. Martin Luther King spent his whole life fighting for racial _____ (equal).

10. The city counselor takes an _____ (act) part in local politics.

11. You had better _____ (familiar) yourself with how to maintain your group membership.

12. They are going to focus on the best way to _____ (public) the new product and idea.

IV. 請利用表格中的單字完成句子，並視需要做時態、人稱、單複數等變化。

apologize	creative	standardize	reflective	modernize
diversity	hospitality	aptitude	attitude	capacity

1. We appreciate your kind _____ and enjoyed the stay there.

2. Gloria takes a positive _____ toward life.

3. This sports arena has a seating _____ of 12,000.

4. The _____ test aims to help college students to choose their best career.

5. I suggest you do something enjoyable and _____ with your hands for Mia's birthday.

6. Can we _____ the measurement of ecological impacts?

7. We are living in a natural environment which contains a wide _____ of plant, animal, and microbe species.

8. The fabulous historic building was fully _____ in 2005.

9. David is finding ways to make the surface metallic and _____.

10. I have to _____ for the inconvenience caused by my lateness.

36
SUFFIX

-less

▶ not able to, without

字尾 "-less" 表示「無法⋯」或「沒有」。用來形成形容詞。

breathless	**help**less
形 上氣不接下氣的	形 無助的
careless	**home**less
形 不小心的	形 無家可歸的
colorless	**hope**less
形 無色的	形 無望的
countless	**relent**less
形 無數的，數不清的	形 無情的，殘酷的
endless	**price**less
形 無止盡的	形 極貴重的
fearless	**meaning**less
形 無畏的	形 無意義的；不重要的
harmless	**self**less
形 無害的	形 無私的

soundless	**useless**
形　寂靜的；不出聲的	形　無用的

speechless	**wireless**
形　說不出話來的	形　(通訊、網路等) 無線的

tasteless	**wordless**
形　平淡無味的；沒品味的	形　無言的；沈默的

37 SUFFIX

-ly

▶ having the quality of
▶ forming adverbs
▶ happening once a specified period of time

1. 字尾 "-ly" 表示「具有⋯的特質」。用來加在名詞後方以形成形容詞。

bodily 形　身體的	**friendly** 形　友善的
costly 形　昂貴的	**heavenly** 形　天空的；神聖的
cowardly 形　怯懦的	**kingly** 形　國王的；君王般的
curly 形　(毛髮) 捲曲的	**lovely** 形　美麗可愛的
earthly 形　世俗的，人間的	**manly** 形　有男子氣概的
elderly 形　年老的，年長的	**orderly** 形　整齊有條理的

saintly

形 聖徒 (般) 的

timely

形 及時的

scholarly

形 學術的

2. 字尾 "**-ly**" 用來加在形容詞後以形成副詞。

artificially

副 人工地

mentally

副 心智上

completely

副 完全地

occasionally

副 偶爾地

confidently

副 有信心地

publicly

副 公開地

evidently

副 明顯地

roughly

副 大約；粗略地

hardly

副 幾乎沒有

successfully

副 成功地

largely

副 大部分地

thoroughly

副 徹底地

3. 字尾 "**-ly**" 表示「在一個具體時間內會發生一次」，形成形容詞或副詞。

daily

形　每日的
副　每日地

weekly

形　每週的
副　每週地

hourly

形　每小時的
副　每小時地

yearly

形　每年的
副　每年地

monthly

形　每月的
副　每月地

38 SUFFIX

-ment

▶ action, process, result

字尾 "-ment" 和動詞一起使用以形成名詞，表示「動作」、「過程」或「結果」。

---

achievement

名 成就

---

adjustment

名 調整

---

advertisement

名 廣告

---

announcement

名 宣布

---

arrangement

名 安排

---

attachment

名 附件；依戀

---

development

名 發展

---

embarrassment

名 尷尬

---

employment

名 工作；雇用

---

enactment

名 法律條例

---

encouragement

名 鼓勵

---

enhancement

名 提升，增進

---

enjoyment	**improve**ment
名 享受；愉快	名 進步
enlightenment	**invest**ment
名 啟發；教化	名 投資
enrollment	**judg**ment
名 登記註冊	名 判斷
equipment	**manage**ment
名 裝備	名 管理
establishment	**measure**ment
名 建立；機構	名 尺寸；測量
excitement	**move**ment
名 激勵；興奮	名 動作；活動
fulfillment	**pay**ment
名 實行	名 付款
harassment	**punish**ment
名 騷擾	名 處罰

replacement

名 替換

settlement

名 協議；移居

requirement

名 必要條件

statement

名 聲明；陳述

resentment

名 憤恨；怨恨

treatment

名 對待

retirement

名 退休

39
SUFFIX

-ness

▶ state, quality

字尾 "**-ness**" 通常加在形容詞的結尾，以形成表示「狀態」或「性質」的名詞。

awareness

名 認知

awkwardness

名 難堪

bitterness

名 痛苦

blackness

名 黑暗

blindness

名 盲目

boldness

名 大膽

brightness

名 明亮

calmness

名 平靜

carelessness

名 不小心

cheerfulness

名 愉快

childishness

名 幼稚

cleverness

名 聰明

clumsiness

名 笨手笨腳

foolishness

名 愚蠢

completeness

名 完整

freshness

名 新鮮

correctness

名 正確

friendliness

名 友善

darkness

名 黑暗

goodness

名 善良

drunkenness

名 醉酒

happiness

名 快樂

eagerness

名 渴望

heaviness

名 沉重，重量

fairness

名 公平

kindness

名 仁慈

fitness

名 健康；合適

laziness

名 懶惰

loneliness

名 寂寞

sickness

名 生病

rudeness

名 粗魯

tiredness

名 疲勞

sadness

名 哀傷

wilderness

名 荒野

selfishness

名 自私

worthiness

名 有價值

(40) SUFFIX　-ory

▶ of, relating to, characterized by
▶ place, thing

1. 字尾 "-ory" 表示「與⋯有關的」或「具有⋯的特徵、特點」。用以形成形容詞。

advisory

形　諮詢的，顧問的

explanatory

形　解釋的

auditory

形　聽覺的

inflammatory

形　發炎 (性) 的

compulsory

形　義務的；強制的

introductory

形　介紹的

contradictory

形　矛盾的

preparatory

形　預備的

exclamatory

形　叫喊的；感嘆的

satisfactory

形　令人滿足的

expiratory

形　呼氣的

2. 字尾 "**-ory**" 用來形成名詞，以指稱地點或事物。

directory	**laborat**ory
名 名錄，指南	名 實驗室
dormitory	**observat**ory
名 宿舍	名 天文臺；氣象臺；瞭望臺
factory	**territ**ory
名 工廠	名 領土
inventory	
名 庫存；清單	

📝 Exercise 8 (Unit 36–40)

I. 請將左欄的字尾與右欄的字義或功能做配對。

_____ 1. -less (harmless)

_____ 2. -ly (mentally)

_____ 3. -ment (enjoyment)

_____ 4. -ness (fairness)

_____ 5. -ory (satisfactory)

(A) forming adjectives with the meaning "of or relating to"

(B) forming nouns from adjectives

(C) forming adjectives with the meaning "not able to or without"

(D) forming nouns from verbs

(E) forming adjectives with the meaning "like" and forming adverbs

II. 請將下列單字轉換成名詞。

1. calm (adj.) _____

2. arrange (v.) _____

3. bright (adj.) _____

4. pay (v.) _____

5. rude (adj.) _____

6. treat (v.) _____

7. excite (v.) _____

8. sad (adj.) _____

9. aware (adj.) _____

10. tired (adj.) _____

III. 請將括號中的單字做適當的詞性變化，填入空格中。

1. Hearing the news, I got _____ (speech) with amazement.

2. Joy always provides her _____ (encourage) when I am feeling down.

3. These solutions are not entirely _____ (satisfy) in several aspects.

4. I broke up with Vivian because of her _____ (selfish).

5. Jasmine subscribed to a _____ (month) journal about creating a happy and beautiful home.

6. Susan is probably not very happy because there is a note of _____ (bitter) in her voice.

7. Professor Lin was asked to write an _____ (introduce) essay on the book.

8. If you can overcome your _____ (lonely) and fear, you'll be happier.

9. This website gives you advice on how to _____ (success) handle your job interviews.

10. The business owner _____ (public) responded to the users.

11. I felt regret for the _____ (cost) mistake I made when buying the car.

12. My daughter's dorm is next to a shelter, which provides a temporary residence for _____ (home) people.

IV. 請利用表格中的單字完成句子，並視需要做時態、人稱、單複數等變化。

endless	eagerness	laboratory	compulsory	breathless	timely

1. In Taiwan, _____ education was extended from six years to nine years in 1968.

2. I'm tired of the _____ repetition exercise. They made me feel bored.

3. I'm looking forward with _____ to the day when the singer will return to the stage.

4. Debbie is busy with her chemistry experiments in the _____.

5. Any exercise that makes you feel slightly _____ and sweaty is good to your health.

6. With the _____ reminder, I could avoid the danger.

41

SUFFIX

-ous

▶ having, full of, characterized by

字尾 "**-ous**" 的形容詞，通常表示「擁有」、「充滿」或「具有…的特徵、特點」。

---

advantageous

形 有利的

ambitious

形 有雄心的

courageous

形 勇敢的

dangerous

形 危險的

famous

形 有名的

humorous

形 幽默的

joyous

形 使人高興的

marvelous

形 令人驚嘆的

mischievous

形 愛惡作劇的

mountainous

形 多山的

nervous

形 神經緊張的

outrageous

形 無理的，過分的

poisonous

形　有毒的

rigorous

形　嚴格的；嚴厲的

prosperous

形　繁榮的

vigorous

形　激烈的

ridiculous

形　荒謬的

-ship

▶ state, quality, position, skill

42 SUFFIX

字尾 "-ship" 加在名詞後，以形成另一個表示「狀態」、「性質」、「地位」或「技巧」的名詞。

championship

名 冠軍資格

citizenship

名 公民權；市民權

companionship

名 同伴之誼；交誼

例 Some old people only have a dog for **companionship**.
有些老人只有狗狗陪伴。

fellowship

名 交情；研究生獎學金

friendship

名 友誼

hardship

名 艱困

例 Improve your skills to handle life's **hardships**.
提高你的技能，以應對生活中的種種困難。

leadership

名 領導的地位或能力

membership

名 會員身分

musicianship

名 音樂技巧

ownership

名 所有權

partnership	**sponsor**ship
名　合夥	名　贊助人身分

relationship	**sportsman**ship
名　關係	名　運動員精神

scholarship	**statesman**ship
名　學問；獎學金	名　政治家的才能

(43) SUFFIX

-some

▶ like, tending to be

字尾 "-some" 表示「和…一樣」或「有成為…的傾向」，用來形成形容詞。

awesome

形 令人敬畏的

bothersome

形 令人討厭的

fearsome

形 可怕的

gruesome

形 可怕的；令人毛骨悚然的

irksome

形 令人厭煩的，討厭的

lonesome

形 寂寞孤單的

meddlesome

形 愛管閒事的

quarrelsome

形 喜愛爭吵的

(例) Beware that **quarrelsome** person.
當心那個喜歡爭吵的人。

tiresome

形 令人厭倦的

(例) Reading this book is **tiresome**.
讀這本書令人厭倦。

toilsome

形 勞苦的

troublesome

形 煩人的；棘手的

例 Please delete the **troublesome** files.
請刪除這些棘手的檔案。

wholesome

形 有益健康的

例 The transition to **wholesome** eating can be a challenge.
轉換成吃健康食物會是一項挑戰。

venturesome

形 冒險性的

worrisome

形 令人憂心的

wearisome

形 令人疲倦的

44 SUFFIX

-th

▶ action, quality, condition
▶ forming ordinal numbers

1. 字尾 "-th" 可形成表示「動作」、「性質」或「狀態」的名詞。

birth 名 出生	**leng**th 名 長度
breadth 名 寬度	**steal**th 名 暗中行動，偷偷摸摸
death 名 死亡	**streng**th 名 力量
depth 名 深度	**tru**th 名 事實
filth 名 骯髒	**warm**th 名 溫暖
growth 名 生長	**weal**th 名 財富
health 名 健康 (狀態)	**wid**th 名 寬度

2. 字尾 "-th" 與一、二和三之外的數字一起使用，以形成序數。

fourth	**eigh**th
名　第四 代　第四	名　第八 代　第八
fifth	**nin**th
名　第五 代　第五	名　第九 代　第九
sixth	**ten**th
名　第六 代　第六	名　第十 代　第十
seventh	**twentie**th
名　第七 代　第七	名　第二十 代　第二十

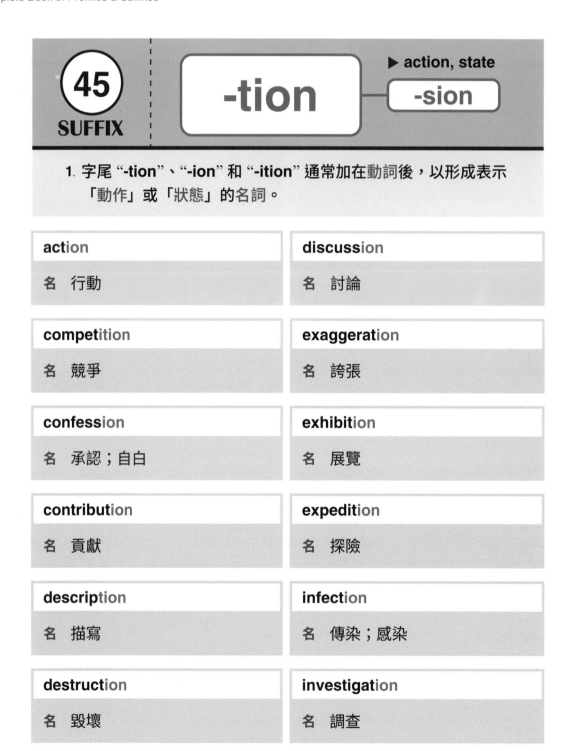

45 **SUFFIX** | **-tion** ▶ action, state | **-sion**

1. 字尾 "-tion"、"-ion" 和 "-ition" 通常加在動詞後，以形成表示「動作」或「狀態」的名詞。

action

名 行動

competition

名 競爭

confession

名 承認；自白

contribution

名 貢獻

description

名 描寫

destruction

名 毀壞

discussion

名 討論

exaggeration

名 誇張

exhibition

名 展覽

expedition

名 探險

infection

名 傳染；感染

investigation

名 調查

liberat**ion** 名　解放	**reduc**t**ion** 名　減少
object**ion** 名　反對	**repe**t**ition** 名　重複
product**ion** 名　生產，製造	**sugges**t**ion** 名　建議
prohibit**ion** 名　禁止	**transac**t**ion** 名　交易
promot**ion** 名　晉升；促進	**vibra**t**ion** 名　震動

2. 字尾 "**-sion**" 有同樣的意思。用來將以字母 **d**、**t** 或 **de** 結尾的動詞轉變為名詞。

collis**ion** 名　互撞	**conclu**s**ion** 名　結論
comprehens**ion** 名　理解	**conver**s**ion** 名　轉換

decision		**persuasion**
名　決定		名　說服

expansion		**suspension**
名　膨脹；擴張		名　懸掛；暫時終止

permission		**transmission**
名　許可		名　傳送

📝 Exercise 9 (Unit 41–45)

I. 請將左欄的字尾與右欄的字義或功能做配對。

_____ 1. -ous (humorous)

_____ 2. -some (troublesome)

_____ 3. -ship (citizenship)

_____ 4. -tion/-sion (repetition)

(A) forming adjectives with the meaning "like or tend to be"

(B) forming nouns with the meaning "action or state"

(C) forming adjectives with the meaning "having, full of, or characterized"

(D) forming nouns with the meaning "state, quality, position, or skill"

II. 請將下列單字轉換成名詞。

1. deep (adj.)   _____

2. confess (v.)   _____

3. discuss (v.)   _____

4. dead (adj.)   _____

5. broad (adj.)   _____

6. investigate (v.) _____

7. produce (v.)   _____

III. 請將下列單字轉換成形容詞。

1. danger (n.)   _____

2. quarrel (v.)   _____

3. toil (v.)   _____

4. fame (n.)   _____

5. advantage (n.)   _____

6. poison (v. n.)   _____

IV. 請將括號中的單字做適當的詞性變化，填入空格中。

1. You can use this form to apply for life _____ (member) of the association.

2. If you are _____ (ambition) to succeed in your career, these courses are helpful.

3. Henry was a _____ (courage) owner who took a risk to achieve his business goals.

4. The team members who demonstrated _____ (sportsman) and teamwork were awarded.

5. Does weight training help to increase muscle _____ (strong)?

6. You will need to measure the _____ (wide) and length of your room.

7. Building eco-houses helps the _____ (reduce) of carbon dioxide emissions.

8. Reading _____ (comprehend) is one of the most important skills in learning languages.

9. The village suffered total _____ (destroy) caused by the volcanic eruption.

10. Jennifer suffered a _____ (nerve) breakdown from excessive depression.

V. 請利用表格中的單字完成句子，並視需要做時態、人稱、單複數等變化。

hardship	ridiculous	wholesome	awesome	prohibition

1. My mother always manages to prepare delicious and _____ meals.

2. I'm wondering how Sharon coped with _____ of life.

3. It's _____ to expect such a selfish person to support you.

4. We are in favor of the _____ of smoking in public places.

5. Jamie's fans admired his _____ performance in the movie *Ray*.

46 SUFFIX

-ty

▶ quality, condition
▶ times ten

1. 字尾 "**-ty**" 通常用來形成表示「性質」或「狀態」的名詞。

anxiety

名 焦慮

loyalty

名 忠誠

certainty

名 確定

majesty

名 莊嚴

cruelty

名 殘忍

modesty

名 謙遜

difficulty

名 困難

poverty

名 貧窮

dynasty

名 朝代

property

名 財產

honesty

名 誠實

royalty

名 皇室

liberty

名 自由

safety

名 安全

sovereignty	**varie**ty
名 主權	名 變化；差異

specialty	**warran**ty
名 專長	名 保固

---

2. 字尾 "**-ty**" 表示「十的倍數」。

twenty	**six**ty
名 二十	名 六十

thirty	**seven**ty
名 三十	名 七十

forty	**eigh**ty
名 四十	名 八十

fifty	**nine**ty
名 五十	名 九十

-ure

▶ action, result, process, collection

字尾 "-ure" 通常用來形成名詞，表示「動作」、「結果」、「過程」或「集合體」。

agriculture

名 農業

adventure

名 冒險

closure

名 倒閉
↳ 動 close

creature

名 生物
↳ 動 create

culture

名 文化

departure

名 離開；出發
↳ 動 depart

exposure

名 暴露
↳ 動 expose

failure

名 失敗
↳ 動 fail

furniture

名 家具
↳ 動 furnish

legislature

名 立法機關
↳ 動 legislate

literature

名　文學

mixture

名　混合
　↳ 動　mix

nature

名　自然

pleasure

名　愉悅
　↳ 動　please

pressure

名　壓力
　↳ 動　press

signature

名　簽名
　↳ 動　sign

structure

名　構造

torture

名　折磨

-ward

▶ in the direction of

字尾 "-ward" 表示「朝…方向」。通常用來形成形容詞或副詞。

backward

形　朝後方的
副　朝後地

inward

形　朝內的
副　朝內地

downward

形　朝下方的
副　朝下地

leftward

形　朝左的
副　朝左地

eastward

形　朝東的
副　朝東地

northward

形　朝北的
副　朝北地

forward

形　朝前方的
副　朝前地

outward

形　朝外的
副　朝外地

homeward

形　向家的，返家的
副　向家

rightward

形　朝右的
副　朝右地

southward

形　朝南的
副　朝南地

upward

形　朝上方的
副　朝上地

westward

形　朝西的
副　朝西地

EXTRA 補充

字尾 "-wards" 也有同樣的意思，
但用來形成副詞。

① backwards　副　朝後地
② forwards　副　朝前地
③ inwards　副　朝內地
④ outwards　副　朝外地
⑤ landwards　副　朝陸面地
⑥ seawards　副　朝海地
⑦ northwards　副　朝北地
⑧ southwards　副　朝南地
⑨ eastwards　副　朝東地
⑩ westwards　副　朝西地

49 SUFFIX

-wide

▶ all over a certain area

字尾 "-wide" 表示「在某地區到處出現或發生」。用來形成形容詞或副詞。

campuswide		**island**wide	
形	全校園的	形	遍及全島的
副	全校園地	副	遍及全島地

citywide		**store**wide	
形	遍及全市的	形	全店的
副	遍及全市地	副	全店地

nationwide		**world**wide	
形	遍及全國的	形	遍及全世界的
副	遍及全國地	副	遍及全世界地

EXTRA 補充

字尾 "-wise" 和 "-ways" 也被用來形成副詞。但它表示「在某個方向」或「以某個方式」。

① clockwise	副	順時針方向地
② crosswise	副	交叉地;橫斜地
③ edgeways/edgewise	副	側著【英式/美式用法】
④ lengthways/lengthwise	副	縱向地【英式/美式用法】
⑤ crabwise	副	蟹行般橫向地
⑥ sideways	副	向旁邊

50 SUFFIX

-y

▶ quality, state
▶ forming nouns
▶ person, thing

1. 字尾 "-y" 加在名詞或動詞後，以形成表示「性質」或「狀態」的形容詞。

angry	**health**y
形 生氣的	形 健康的
bloody	**hungr**y
形 流血的；嗜血的	形 餓的
dusty	**mood**y
形 滿是灰塵的	形 悶悶不樂的
greedy	**nois**y
形 貪婪的	形 吵雜的
guilty	**shad**y
形 有罪的	形 陰涼的
handy	**sleep**y
形 在手邊的；手靈巧的	形 想睡的

speedy	tasty
形 快速的，迅速的	形 美味的

sticky	thirsty
形 黏的	形 口渴的

2. 字尾 "**-y**" 與動詞或形容詞一起使用以形成名詞。

delivery	inquiry
名 遞送，運送	名 詢問

discovery	jealousy
名 發現	名 嫉妒

flattery	mastery
名 諂媚	名 支配；精通

3. 字尾 "**-y**" 用來形成表示「人或事」的名詞。

enemy	lefty
名 敵人	名 左撇子

📝 Exercise 10 (Unit 46–50)

I. 請將左欄的字尾與右欄的字義或功能做配對。

_____ 1. -ty (safety)

_____ 2. -ure (failure)

_____ 3. -ward (southward)

_____ 4. -wide (storewide)

(A) forming nouns with the meaning "action, result, or process"

(B) forming adjectives/adverbs with the meaning "in the direction of"

(C) forming adjectives/adverbs with the meaning "appearing or happening all over a certain area"

(D) forming nouns with the meaning "quality or condition"

II. 請將下列單字轉換成名詞。

1. certain (adj.) _____

2. flatter (v.) _____

3. mix (v.) _____

4. master (v.) _____

5. special (adj.) _____

6. depart (v.) _____

7. inquire (v.) _____

III. 請將括號中的單字做適當的詞性變化，填入空格中。

1. Elisa went away quietly with a _____ (guilt) look on her face.

2. Dan learned some relaxation techniques to help him relieve his _____ (anxious).

3. Try to minimize _____ (expose) to the sun to protect your skin.

4. Even in a wealthy country like the United States, there are nearly 40 million people living in _____ (poor).

5. The man was charged with _____ (cruel) to his children.

6. With these recipes, I can cook _____ (taste) exotic food for my family.

7. We need your _____ (sign) on the document.

8. Emma is so _____ (greed) that she wants to get whatever she sees in the store.

9. Students are under too much _____ (press) to do well in examinations.

10. Jasper's girlfriend drove him crazy with constant _____ (jealous).

IV. 請利用表格中的單字完成句子，並視需要做時態、人稱、單複數等變化。

variety	lefty	furniture	torture	worldwide

1. The soldier revealed classified information to his enemies under _____.

2. _____ tend to have a better memory for music than right-handers.

3. Iris hopes that she can lead a life full of change and _____ in New York.

4. Susan Boyle has gone from obscurity to _____ fame in less than a week.

5. My father loves antique _____ but I am an IKEA lover.

Notes

字根
Roots

字根是單字的基本元素，表示該單字的字義。可以加上字首或字尾來形成單字。

📝 Roots

① **act** 行動；動作

activity 名 活動 / enact 動 演出；制定 (法律) / interact 動 互動 / react 動 反應 / transact 動 交易

② **ann, enn** 年

annual 形 每年的 / anniversary 名 週年 / millennium 名 千年

③ **apt, ept** 適合

adapt 動 使適合，使適應 / adept 形 擅長的，熟練的 / aptitude 名 適應性，才能

④ **aud** 聽

audience 名 觀眾 / audio 形 名 聲音 (的) / audition 名 試鏡

⑤ **cede, ceed** 前進；行走

concede 動 承認 / exceed 動 超過 / precede 動 (時間，順序) 在…之前 / succeed 動 成功

⑥ **ceive, cept** 拿取；收受

conceive 動 構想；想出 / deception 名 欺騙 / perceive 動 察覺 / receive 動 接收

⑦ **centr, center** 中心；中間

central 形 中央的 / concentrate 名 (注意力的) 集中 / eccentric 形 特異的

⑧ **clud** 關閉

conclude 動 下結論 / exclude 動 將…摒除 / include 動 包括

⑨ **cred** 相信

credible 形 可靠的 / credit 名 信用

⑩ **dic, dict**　**說**
addict 動　使沈溺 / **contradict** 動　駁斥；與…矛盾 /
dedicate 動　奉獻；使致力於 / **predict** 動　預測

⑪ **duc, duct**　**帶領；引導**
conduct 動 名　主持；行為 / **produce** 動　製造 / **reduce** 動　減少 /
seduce 動　誘惑

⑫ **equ**　**相等；平等**
adequate 形　足夠的 / **equal** 形　相等的 / **equality** 名　平等 /
equate 動　使相等 / **equivalent** 形　等同的

⑬ **fer**　**搬運；承受**
confer 動　商討 / **differ** 動　不同 / **infer** 動　推斷 / **offer** 動　提供 /
prefer 動　較喜愛 / **refer** 動　提到 / **suffer** 動　承受 (痛苦、災害) /
transfer 動 名　移轉

⑭ **form**　**形成；形式**
conform 動　遵守 / **format** 名　格式 / **perform** 動　執行；表演 /
transform 動　使…變形

⑮ **gram, graph**　**寫**
autobiography 名　自傳 / **biography** 名　傳記 / **calligraphy** 名　書法 /
diagram 名　圖表 / **geography** 名　地理 / **grammar** 名　文法 /
paragraph 名　段落 / **telegram** 名　電報 / **telegraph** 名　電報

⑯ **hab, hibit**　**擁有**
exhibit 動　展覽，陳列 / **habitat** 名　棲息地 / **habitual** 形　習慣的 /
inhabitant 名　居住者

⑰ **jac, ject**　**丟，扔；投擲**
injection 名　注射 / **object** 動　反對 / **project** 動　投射 / **reject** 動　拒絕 /
subject 動　使服從

⑱ **leg** 法律

legal 形 合法的 / legislation 名 立法 / legitimate 形 正當合法的

⑲ **log** 說話；話語

dialogue 名 對話 / logic 名 邏輯 / monologue 名 獨白

⑳ **mar, mari** 海洋

marine 形 海的 / maritime 形 航海的 / submarine 名 形 潛水艇；海底的

㉑ **medi** 中間

intermediate 形 中等程度的 / mediate 動 調解 / meditation 名 冥想 / medium 名 形 中等 (的)，中間 (的)

㉒ **miss, mit** 派遣；投擲

commit 動 交付 / dismiss 動 解散 / mission 名 使命 / permit 動 允許 / submit 動 提出 / transmission 名 傳送

㉓ **mob, mov** 移動

mobile 形 可以移動的 / mobilize 動 動員 / remove 動 除去

㉔ **nounc** 講述；報告

announce 動 宣布 / denounce 動 譴責 / pronounce 動 發音

㉕ **nym** 名字；字詞

anonymous 形 匿名的 / antonym 名 反義字 / synonym 名 同義字

㉖ **oper** 工作

cooperate 動 合作 / operate 動 運作

㉗ **phon** 聲音

earphone 名 耳機 / headphone 名 耳機 / microphone 名 麥克風 / symphony 名 交響樂 / telephone 名 電話

㉘ **popul, publi** 人民；民眾
popular 形 普遍的 / **populate** 動 居住 / **publicity** 名 宣傳；知名度 /
publicize 動 公布；為…宣傳

㉙ **port** 搬運，運送
export 動 名 出口 / **import** 動 名 進口 / **important** 形 重要的 /
report 動 名 報告 / **support** 動 名 支持 / **transport** 動 名 運輸

㉚ **pos, pon** 放置
component 名 組成 / **compose** 動 組成 / **deposit** 動 名 存款 /
dispose 動 處理 / **expose** 動 使…暴露於 / **opponent** 名 對手 /
oppose 動 反對 / **postpone** 動 延遲

㉛ **press** 壓，按
depression 名 抑鬱；(經濟的) 蕭條 / **express** 動 表達 /
impress 動 使印象深刻；蓋 (印) / **pressure** 名 壓力 / **suppress** 動 壓抑

㉜ **quest, quire** 尋找；尋求
acquire 動 獲得 / **conquest** 名 征服 / **inquire** 動 詢問 /
questionnaire 名 問卷 / **request** 動 名 請求，懇求 / **require** 動 需要

㉝ **rect** 筆直；端正
correct 形 動 正確的；修正 / **direct** 動 引導，指揮 / **erect** 動 豎立 /
rectangle 名 長方形，矩形

㉞ **rupt** 打破；折斷
abrupt 形 突然的，出其不意的 / **bankrupt** 形 破產的 /
corrupt 形 動 貪汙 (的) / **eruption** 名 (火山的) 爆發 /
interrupt 動 打斷，打擾

㉟ **scend** 攀爬
ascend 動 上升 / **ascendancy** 名 優勢 / **descend** 動 下降 /
descendant 名 後代 / **transcend** 動 超越

㊱ scribe, script 寫

describe 動 描述 / description 名 描述 / manuscript 名 手稿 /
prescribe 動 開藥 / prescription 名 處方 / subscribe 動 訂閱 /
subscription 名 訂閱 / transcript 名 抄本,(學校的) 成績單

㊲ spec, spect 觀看

aspect 名 方面;觀點 / inspect 動 檢查 / perspective 名 看法,觀點 /
prospect 名 預期,前景 / respective 形 個別的 / spectacle 名 景象 /
speculate 動 推測 / suspect 動 猜測;懷疑

㊳ spir 呼吸

conspiracy 名 陰謀 / expire 動 到期 / inspiration 名 靈感 /
inspire 動 激發,鼓舞 / spirit 名 精神

㊴ struc, struct 組合;建造

construct 動 建造 / destruction 名 毀滅 / infrastructure 名 基礎建設 /
instruct 動 指導 / instrument 名 器具;樂器

㊵ suade 建議;勸告

dissuade 動 勸阻 / persuade 動 勸告

㊶ tain, ten 拿著,持握

contain 動 包含 / content 名 內容 / continual 形 不停的 /
continue 動 繼續 / detain 動 拘留 / entertain 動 娛樂 / maintain 動 維持 /
maintenance 名 保養 / obtain 動 獲得 / retain 動 保持 / sustain 動 支持 /
tenant 名 房客

㊷ tempor 時間

contemporary 形 當代的 / temporary 形 暫時的

㊸ tend, tent 伸展,拉長

attend 動 參加 / attendance 名 出席 / contend 動 競爭 / extend 動 延伸 /
extent 名 範圍 / intend 動 意圖 / intent 名 意圖,目的 / intention 名 意圖 /
pretend 動 假裝 / tend 動 傾向 / tendency 名 趨勢

⑭ tract 拉，拔；牽引

abstract 形 名 抽象的；摘要 / **attract** 動 吸引 /
contract 動 名 收縮；感染；合約 / **distract** 動 使分心 /
extract 動 拔取，抽出 / **subtract** 動 減掉

⑮ vac, van 空的

evacuate 動 撤離 / **vacancy** 名 空位；空缺 / **vacant** 形 空的 /
vacation 名 假期 / **vanish** 動 消失 / **vanity** 名 虛榮

⑯ verse, vert 轉動，轉向

advertise 動 廣告 / **advertisement** 名 廣告 / **conversation** 名 對話 /
converse 動 對話 / **diversify** 動 變化 / **diversion** 名 轉移注意力 /
diversity 名 多樣性 / **divert** 動 使轉向 /
reverse 名 動 形 反面；反轉；相反的 / **versatile** 形 多才多藝的 /
version 名 版本 / **versus** 介 …對…

⑰ vid, vis 看

evidence 名 證據 / **provide** 動 提供 / **revise** 動 修訂 / **supervise** 動 監督 /
video 名 影片 / **visible** 形 看得見的 / **visit** 名 動 拜訪 / **visual** 形 視覺的 /
visualize 動 使具象化

⑱ vit, viv 生命；存活

revival 名 復活 / **revive** 動 復活 / **survival** 名 生存 / **survive** 動 存活 /
vital 形 不可或缺的 / **vitamin** 名 維生素 / **vivid** 形 栩栩如生的

⑲ voc, vok 喊叫；說話

advocate 動 主張 / **provoke** 動 引發 / **vocabulary** 名 單字 /
vocal 形 發聲的 / **vocation** 名 職業；志業

⑳ volu, volv 旋轉

evolution 名 演化 / **evolve** 動 發展 / **involve** 動 牽涉 /
revolution 名 革命 / **revolve** 動 旋轉 / **volume** 名 冊次；音量

Notes

索引
Index

索引是附在書末、按字母順序排列的清單,透過頁碼的標示,讓讀者可以輕鬆查閱關鍵字詞、書中主題,以及特定的有用資訊。

⌕ Index

解答
Answer Keys

解答是一組針對測驗、小考或練習的答案，以印刷方式呈現，通常附在書末。

ㄫ◡ Answer Keys

Prefixes

Exercise 1

I.   1. C   2. E   3. A   4. B   5. D

II. 1. C   2. B   3. D   4. B   5. A

     6. A   7. B

Exercise 2

I.   1. C   2. D   3. B   4. A

II. 1. B   2. A   3. A   4. D

III. 1. century   2. centimeters

     3. collapse   4. counterparts

     5. by-product(s) 6. correspond

     7. kilocalories   8. consented

     9. coincided   10. collided

Exercise 3

I.   1. E   2. D   3. C   4. B   5. A

II. 1. B   2. A   3. D   4. C   5. B

III. 1. decrease   2. contrast

     3. defrost   4. diagnose

     5. deteriorated   6. disability

     7. contrary   8. disapproval

     9. dialect   10. disburden

Exercise 4

I.   1. B   2. D   3. C   4. A   5. E

II. 1. B   2. D   3. B   4. A   5. C

III. 1. endangered   2. exceed

     3. forecast(s)   4. enforced

     5. evaluate   6. emigrated

     7. foresee   8. extended

     9. enacted   10. extinguished

Exercise 5

I.   1. illiberal   2. inconvenience

     3. incorrect   4. irresponsible

     5. improper

II. 1. B   2. C   3. B   4. C   5. D

     6. A

III. 1. implanted   2. interpersonal

     3. infected   4. immigrated

     5. interaction

Exercise 6

I.   1. D   2. C   3. E   4. B   5. A

II. 1. D   2. B   3. D   4. C   5. A

III. 1. misbehave   2. nonprofit

     3. misunderstood 4. minimize

     5. mischief

Exercise 7

I.   1. D   2. C   3. A   4. E   5. B

II. 1. D   2. B   3. B   4. C   5. C

III. 1. promote   2. persist

     3. overwhelmed   4. perceive(d)

     5. outweigh(ed)   6. prospect

     7. precautions   8. overestimated

Exercise 8

I.   1. B   2. D   3. E   4. A   5. C

II. 1. B   2. A   3. B   4. C

III. 1. recycled   2. regained

     3. self-centered 4. recall

     5. self-esteem   6. self-evident

     7. subconsciously 8. repay

9. suburban   10. superficial

Exercise 9

I.   1. D   2. E   3. C   4. B   5. A

II.   1. D   2. C   3. D   4. A   5. C

III. 1. sympathy   2. survived
      3. transformed   4. symptoms
      5. surrendered   6. synthetic
      7. transmitted   8. transition

Exercise 10

I.   1. C   2. D   3. E   4. B   5. A

II.   1. B   2. C   3. A   4. D   5. D

III. 1. upgrade   2. twin
      3. unified   4. upright
      5. undoubtedly   6. underestimate
      7. uniform   8. uplift

Suffixes

Exercise 1

I.   1. storage   2. dominance
      3. removal   4. literacy
      5. privacy   6. retrieval
      7. endurance   8. advocacy
      9. entrance   10. maintenance

II.   1. conventional   2. natural
      3. fashionable   4. responsible
      5. continental   6. acceptable
      7. predictable   8. comfortable
      9. original   10. additional

III. 1. denial   2. digestible
      3. appearance   4. usage
      5. visible   6. vacancies

7. comparable   8. withdrawal
9. delicacy   10. postage

IV.   1. percentage   2. vital
      3. horrible   4. accuracy
      5. reluctance   6. marriage
      7. perseverance   8. approval
      9. allowance   10. recreational

Exercise 2

I.   1. resistant   2. radiant
      3. defendant   4. affectionate
      5. circular   6. fortunate
      7. polar   8. voluntary
      9. triumphant   10. passionate

II.   1. imagination   2. expectation
      3. stimulation   4. imaginary
      5. pollutants   6. abundant
      7. honorary   8. customary
      9. formation   10. temptation

III. 1. consideration   2. obstinate
      3. anniversary   4. considerate
      5. contemplate   6. muscular
      7. circumstances   8. concentrate

Exercise 3

I.   1. E   2. C   3. A   4. B   5. D

II.   1. talkative   2. gifted
      3. condensed   4. affirmative
      5. representative

III. 1. coincidence   2. frequency
      3. urgency   4. magnificence
      5. evidence

IV.   1. fluency   2. hardened

263

3. heighten   4. woolen

5. interference   6. quick-witted

7. imaginative   8. retired

9. employee   10. exhausted

11. threatened   12. informative

13. tendency   14. contented

15. bad-tempered

Exercise 4

I.   1. E   2. D   3. B   4. A   5. C

II.   1. existent   2. dependent

   3. meaningful   4. powerful

   5. insistent   6. bravery

   7. glorification   8. robbery

   9. eloquence   10. satisfaction

III.   1. simplify   2. identification

   3. visitors   4. thoughtful

   5. bakery   6. diligence

   7. insistent   8. competent

   9. handful   10. respectful

V.   1. forgetful   2. mystery

   3. luxury   4. salary

   5. dignify   6. detergent

   7. resident   8. producers

   9. classified   10. delightful

Exercise 5

I.   1. C   2. D   3. E   4. A   5. B

II.   1. racial   2. partial

   3. athletic   4. scenic

   5. tragic   6. industrial

   7. commercial   8. robotic

III.   1. memorial   2. Presidential

3. residential   4. controversial

5. majestic   6. historic

7. economic

IV.   1. likelihood   2. financial

   3. alcoholics   4. domestic

   5. specific   6. critics

   7. physician   8. beneficial

   9. exotic   10. pedestrians

Exercise 6

I.   1. D   2. A   3. C   4. B   5. E

II.   1. typical   2. furious

   3. foolish   4. mysterious

   5. musical   6. selfish

   7. critical   8. vicious

III.   1. envious   2. shocked

   3. stylish   4. spacious

   5. victorious   6. logical

   7. idealist   8. political

   9. nutritious   10. ear-splitting

   11. economical   12. glorious

   13. historical   14. deafening

   15. medical

Exercise 7

I.   1. D   2. C   3. G   4. F   5. B

   6. E   7. A

II.   1. similarity   2. generalization

   3. priority   4. generosity

   5. industrialization   6. globalization

III.   1. curiosity   2. capability

   3. organization   4. criticized

   5. symbolize   6. memorize

7. impressive 8. preventive

9. equality 10. active

11. familiarize 12. publicize

IV. 1. hospitality 2. attitude

3. capacity 4. aptitude

5. creative 6. standardize

7. diversity 8. modernized

9. reflective 10. apologize

Exercise 8

I. 1. C 2. E 3. D 4. B 5. A

II. 1. calmness 2. arrangement

3. brightness 4. payment

5. rudeness 6. treatment

7. excitement 8. sadness

9. awareness 10. tiredness

III. 1. speechless 2. encouragement

3. satisfactory 4. selfishness

5. monthly 6. bitterness

7. introductory 8. loneliness

9. successfully 10. publicly

11. costly 12. homeless

IV. 1. compulsory 2. endless

3. eagerness 4. laboratory

5. breathless 6. timely

Exercise 9

I. 1. C 2. A 3. D 4. B

II. 1. depth 2. confession

3. discussion 4. death

5. breath 6. investigation

7. production

III. 1. dangerous 2. quarrelsome

3. toilsome 4. famous

5. advantageous 6. poisonous

IV. 1. membership 2. ambitious

3. courageous 4. sportsmanship

5. strength 6. width

7. reduction 8. comprehension

9. destruction 10. nervous

V. 1. wholesome 2. hardships

3. ridiculous 4. prohibition

5. awesome

Exercise 10

I. 1. D 2. A 3. B 4. C

II. 1. certainty 2. flattery

3. mixture 4. mastery

5. specialty 6. departure

7. inquiry

III. 1. guilty 2. anxiety

3. exposure 4. poverty

5. cruelty 6. tasty

7. signature 8. greedy

9. pressure 10. jealousy

IV. 1. tortured 2. Lefties

3. variety 4. worldwide

5. furniture

基礎英文法養成篇

英文學很久，文法還是囧？
本書助你釐清「觀念」、抓對「重點」、舉一反三「練習」，
不用砍掉重練，也能無縫接軌、輕鬆養成英文法！

陳曉菁　編著

特色一： 條列章節重點
每章節精選普高技高必備文法重點，編排環環相扣、循序漸進。

特色二： 學習重點圖像化與表格化
將觀念與例句以圖表統整，視覺化學習組織概念，輕鬆駕馭文法重點。

特色三： 想像力學文法很不一樣
將時態比喻為「河流」，假設語氣比喻為「時光機」，顛覆枯燥文法印象。

特色四： 全面補給一次到位
「文法小精靈」適時補充說明，「文法傳送門」提供相關文法知識章節，
觸類旁通學習更全面。

特色五： 即時練習Level up!
依據文法重點設計多元題型，透過練習釐清觀念，融會貫通熟練文法。

國家圖書館出版品預行編目資料

字首字尾解碼 Complete Book of Prefixes &
Suffixes／李文玲編著.－－三版一刷.－－臺北市：三
民，2023
面；　　公分.－－（英語Make Me High系列）

ISBN 978-957-14-7659-9　（平裝）
1. 英語教學 2. 詞彙 3. 中等教育

524.38　　　　　　　　　　　112010007

字首字尾解碼 Complete Book of Prefixes & Suffixes

編 著 者	李文玲
責任編輯	何尉賢
美術編輯	陳欣妤

發 行 人	劉振強
出 版 者	三民書局股份有限公司
地　　址	臺北市復興北路 386 號 (復北門市)
	臺北市重慶南路一段 61 號 (重南門市)
電　　話	(02)25006600
網　　址	三民網路書店 https://www.sanmin.com.tw
出版日期	初版一刷 2010 年 1 月
	二版一刷 2021 年 7 月
	三版一刷 2023 年 11 月
書籍編號	S808450
I S B N	978-957-14-7659-9

三民書局